생활회화 / 관광 / 업무 / 상용 / 입시

중국어회화

기초문법 ● 단어풀이

초보자를 위한 기초 "中國語 會話"

머리말 *

해외 여행의 규제가 대폭 완화됨으로써 서방
세계 뿐 아니라 사회주의국가에도 우리의
발길이 닿을 수 있게 되었다.
중국은 만리장성을 비롯해서 여행지로서는
천혜의 자원을 갖고 있는 나라이다. 해외
여행시에 그 나라의 말을 모른다면 그 여행의
즐거움은 격감될 것이다. 반면에
여행지에서의 자유로운 의사소통은 여행의
즐거움과 함께 새로운 추억을 만들 수 있는
기회를 제공해 주리라 생각된다.
중국 여행자를 위하여 본「中國語 會話」는
중국 여행시의 출입국 절차와 중국에 대한
기본적인 지식을 부록으로 수록해 놓았을
뿐만 아니라 실용어구를 구체적 사례별로
수록하고 있어서 여행지에서의 의사소통을
원활하게 할 수 있게 도와줄 것이다.
또한 중국어를 전혀 모르는 사람으로부터

어느 정도 능력이 있는 사람에까지 배울 수
있도록 기초회화도 수록하고 있다. 본 내용은
중학교 과정에서 나오는 단어들을 기본으로
하여 아주 간결한 문장으로 대화할 수 있도록
편집하였으므로 중국어 회화를 처음
배우려는 초보자에게는 더 없이 필수적인
지침서가 될 것을 확신한다.
더불어서 본서의 마지막 부분인 한 · 중
사전식 단어 수록 또한 중국어 회화를
배우려는 초보자들에게 매우 좋은 자료가 될
것임을 믿어 의심치 않는다.

엮은이

● 중국, 그 거대한 대륙

• 지형／서쪽은 높고 동쪽으로 향해 낮은 지형으로, 산지가 전체의 33％를 차지한다. 가장 높은 곳이 티베트 고원이며, 주요 산맥은 알타이·천산·히말라야 등이다. 분지로는 사천·타림분지 등이 있으며 동쪽으로 구릉과 평야가 펼쳐진다. 주요한 하천으로는 흑룡강·요하·황하·양자강 등이 있는데, 모두 동류하여 태평양으로 흘러간다.

• 기후／전체적으로는 뚜렷한 몬순 기후의 특색을 보이나 국토가 광대하므로 열대에서 냉온대까지, 또 습윤에서 건조에 이르기까지의 다양한 기후를 나타내며, 내륙에서는 대륙성의 건조한 기후가 된다. 기후가 다양한 만큼 식물분포도 다양하고, 동물도 진귀한 동물이 많다.

• 주민／50여 민족이 살고 있으나 한(漢)민족이 가장 많아서 90％ 이상을 차지한다. 그 외 회족·티베트족·몽고족·만주족·티완족·위구르족 등이 산다. 따라서 언어에도 큰 차이가 보이나 관화, 즉 북경어가 공통으로 사용된다. 한편 각 민족의 언어도 사용되어 각각 공용어로서 인정받는다. 문자는 한자와 함께 간략화한 한자가 실용되고 있다. 종교는 불교·이슬람교·그리스도교·도교·라마교 등 거의 모든 종교에 걸쳐 있다.

• 역사／4000〜5000년 전에 한민족이 출현, BC 1500년 무렵에 은이 성립되었다. 고대에는 춘추·전국시대, 한·삼국·오호 십육국·남북조시대를 거쳐 수에서 당에 이르는 대제국을 세웠다. 중세에는 송·원·명으로 이어지다가, 17세기의 청은 전통적인 중앙집권적 전제왕조로서 최대제국을 형성하였다. 근대는 영국과의 아편전쟁에서 비롯되며, 1911년 신해혁명에 의해 중화민국이 성립되었으나, 1949년 공산당과의 내전에 패한 국민정부가 대만으로 물러났고 본토에는 중공 정권이 들어섰다.

건국 후 한국전쟁 때 국내적 통일을 다진 중공 정권은 백화제방운동, 대약진운동, 문화대혁명 등을 차례로 내걸었다. 76년 모택동이 사망하자 권력을 장악한 등소평·화국봉 등이 4인방을 체포, 문화혁명의 깊은 상처를 씻기 위해 새로 '4가지 현대화'를 내세워 공업·농업·과학기술·국방의 　근대화 노력이 시작되었다. 한편 국제관계도 변화하여 70년대 이후 미국을 비롯한 서방세계와 국교 정상화가 차차 이룩되었으며, 80년대에 들어 개방정책으로 아시아는 물론 여러 나라와도 온건한 관계를 수립하고자 애쓰고 있다. 앞으로 미국·소련과의 관계도 개선될 전망이며, 우리나라와는 아시안 게임·올림픽 경기 참가 이후, 민간 차원에서의 무역·문화 교류가 조금씩 활발해지고 있다.

• 경제／건국 이후 토지 개혁과 기업의 국유화가 수행되었으며 53년부터 제 1차 5개년계획이 실시되어 현재 제 7차(86∼90) 5개년계획 기간에 접어들었다. 제 1차에서는 중공업을 우선으로 삼았고, 제 2차에서는 대약진운동의 실패로 경제 위기를 맞았는데, 문화대혁명 시기와 겹친 제 3차는 심각한 경제 파탄을 가져왔다. 경제·기술발전의 지체로 5차 때부터는 개방정책으로 돌아섰다.

• 산업·무역／광물자원이 풍부하며 65년 이후 석유의 자급자족이 이루어졌다. 그 외 주요 광산물은 석탄·텅스텐·철·구리 등이 있다. 80년대 중반부터 중공업 우선 정책에서 경공업 우선으로 방향을 전환하여 라디오·시계·텔레비젼 등이 신장세를 나타내고 있다. 농민의 비율이 60％ 이상(1979)을 차지하고 밀·콩·목화·옥수수·차 등이 주요 생산물이며 축산도 현저하다.

1950년대에는 소련을 비롯하여 동유럽권이 주요 통상국이었다. 그러다가 70년대에 들어서면서 아시아와 유럽 여러 나라와의 무역이 늘었다. 80년도의 주요 수출품은 방직품·원유·곡물·식육·어류·과일·채소·의류이며, 주요 수입품은 중공업 제품이다.

• 사회／문화대혁명이 끝나고 ‘4가지 현대화’를 추진하는 중국 사회에는 큰 변화가 일어나고 있다. 4인방추방 이후 특히 민주주의가 강조되고 있다. 한편 실업자 문제는 날로 심각해지고 있는데, 이 문제의 근본 원인이 되는 인구 증가율을 1％ 이하로 낮추기 위해 계획출산법이 기초되었다.

• 교육／국민학교 6년제의 초등교육은 대체로 보급되었고, 일반적으로 그 위에 초급중학(3년제)·고급중학(3년제)·대학(4년제)이 있다. 70년대 말 이후 외국의 선진 기술을 배우기 위해 미국·일본·서유럽 여러 나라에 많은 정부 유학생을 파견하고 있다.

• 문화／4인방의 실각 후 백화제방이란 표어 아래, 활동을 정지당했던 많은 작가와 기타 예술가들이 활동을 재개하고, 그들의 옛 작품이 부활하는 동시에 새 작품이 연이어 발표되고 있다.

• 보도·출판／공산당 기관지「인민일보」가 당의 지도적 지위를 배경으로 가장 큰 영향력을 지닌다. 그 외「해방군보」「광명일보」「문회보」「공인일보」「중국소년보」 등이 발행된다. 라디오 방송은 국내·외에 대해 방송을 하고 있으며, TV 보급율은 요즘 급속하게 늘고 있다.

• 관광／이전에는 외화 획득의 목적 하에서가 아니라, 이른바 우호 촉진·사회주의 건설에 대한 이해의 명목 아래서만 이용되었으나, 1970년대 중반 이후 개방정책으로 전환하면서 적극적인 관광사업이 추진되고 있다.

●중국 내 우리민족의 문화생활

한복 입고 자전거를 타고 달리는 여성들을 흔히 볼 수 있는 연변지역. 이곳에서는 우리 민족의 문화적 유산이 유지되고 있다. 연변 조선족자치주에서는 53년에 연변문학예술연합회, 53년에 연변가무단, 50년에 연변연극단 등이 발족되어 지금까지 활발한 활동을 하고 있다.

80년 이후 900명의 회원을 갖게 된 연변문학예술연합회는 수많은 시집과 수필집, 장·단편소설 등을 펴내는 등 많은 활약을 하고 있다. 우리 민족의 전통 음악과 무용을 공연하는 연변가무단은 연변지역은 물론, 중국전역, 뉴욕을 비롯한 미주전역까지 공연을 다니고 있다. 연변연극단은 창단 이래 매년 서너 개의 극을 공연하였으며, 「심청전」「콩쥐팥쥐」「춘향전」 등의 우리 고전극을 포함한 많은 현대작품을 공연하여 왔다.

●출입국시 주의사항

• 비자

비자신청을 하려면 제일 먼저 중국영사 업무대행을 하는 홍콩의 신화사를 찾아가 그곳에 비치되어 있는 소정양식을 작성해야 하는데, 사진 2매와 본인의 서명이 필요하다. 그러면 신화사는 외교부와 연락, 명단을 확인한 뒤 비자를 발급해 주는데 이 때 비자는 여권상에 표시하지 않고 별도의 용지를 사용한다. 비자는 빠를 경우 오전에 신청하면 오후 4시까지 나오고, 오후에 신청하면 다음날 오전에 나온다. 그러나 때로는 2~3일 걸리는 수도 있다.

※ 관광비자일 경우에는 국내 지정여행사에서 대행.

• 비행기 탑승과 입국

홍콩공항에서 중국민항(CAAC) 편으로 입국하는 것이 관례이다. 기내에서 먼저 입국카드(arrival card)와 휴대품신고서를 작성한다. 또한 검역카드도 미리 작성해서 입국카드·휴대품반입신고서와 함께 이를 수거하는 사람에게 제출한 뒤, 입국심사를 받고 Baggage claim을 거쳐 세관을 통과하여 나가면 마지막엔 안내원이 기다리고 있다. 지방도시의 공항에선 가끔씩 순서가 뒤바뀌는 수도 있다. 한편 휴대품반입신고서는 정확하게 기재를 해야 하는데, 누락된 것은 출국시 지참할 수 없기 때문이다.

• 출국시

입국하면서 받은 여권, 비행기표, 출국카드(departure card), 비자, 휴대품반입신고서 가운데 한 개라도 없으면 출국이 불가능하다. 이것들이 모두 있는지 확인한 뒤 우선 세관에 휴대품반입신고서를 제출하면서 check-in하고, 비행기표를 카운터에 내고 비행기탑승 권을 받는다. 공항세를 납부하고 출국 사열 때 출국카드와 비자를 제출하면 출국절차는 끝난다.

● 국내선 이용시

비행기표는 구하기가 대단히 어려워 아는 사람이 없으면 1달이 지나도록 구 할 수 없을 때도 있다. 예약은 가능하며 내국인, 대만인, 홍콩인, 외국인의 요 금이 각기 다른데 외국인에게는 내국인 의 2.5배를 받는다. 비행기표를 구매시 에는 돈과 여권을 함께 제시해야 하고, 지역별로 1주일에 한 번 비행기편이 있 는 곳도 있으므로 주의해야 한다. 한편 국내선은 거의 만원이기 때문에 공항도 역시 붐비므로 일찍 나가는 것이 좋으 며, 이곳에서도 여권과 비행기표로 check-in하는 것은 별 차이가 없다. 그리고 대부분의 공항에서는 금연하는 수가 많으므로 주의해야 하는데, 상해 공항은 흡연을 할 경우 1원의 벌금을 내야 한다.

● 관광

중국은 곳곳에 공안요원이 배치되어 있으므로 행동을 조심해야 한다. 암시 장에서 달러를 바꾸면 1불에 6유안(공 식환율은 1불에 3.6유안)인데 걸리면 외국인의 경우 징역 6개월에 처해지며,

여자와 관련된 위법행위는 특히 처벌이 엄격하다.

또한 중국인을 무시하는 태도나 언어 는 삼가해야 되고 거리에서 더러운 집 을 보았다 하더라도 손가락질을 하면 안 된다. 한편 중국에서는 생수를 그대 로 마시면 안 된다. 음료수를 사서 마 시거나 따로 준비해야 한다. 술자리에 서는 가능한 한 떠들지 않는 게 중국인 의 습성이므로, 시끄럽게 해서 중국인 의 구경거리가 될 필요는 없다. 건배할 때에는 얼굴을 마주 보고 다 마신 다음 술잔 밑을 보인다. 또한 중국인은 자기 가 먹고 있던 젓가락으로 음식을 집어 주기도 하는데 이때에 사양하지 말고 받아 먹어야 그들과 잘 사귈 수 있다.

또 중국에서는 개인 행동을 삼가는 게 좋다. 교통, 통신시설이 낙후하여 만일의 경우 아무런 대책이 없어 막연 히 기다리며 시간만 낭비하게 될지도 모르기 때문이다. 지방으로 갈 경우 비 상시에 대비하여 소화제·진통제·외 상치료제 등을 미리 준비하는 것도 좋 다.

● **통화와 단위**

통화단위 1유안(元)＝100후안(分)
                 ＝ 10차오 (角)

그러나 대화 용어로는 元 대신에 콰이(块)를, 角 대신에 마오(毛)를 쓴다. 또 현재 중국에서는 인민페(人民幣)와 외화태환권의 2종류가 유통되고 있는데, 외국인 전문의 상점, 호텔에서는 일반적으로 외화태환권밖에 사용할 수 없다.

지페／1, 2, 5,후안(分). 1, 2, 5차오(角). 1, 2, 5, 10, 50, 100유안(元)〈50, 100 유안은 외화태환권만 있음〉

경화／1, 2, 5후안(分)

환전／공항, 호텔, 우의상점에 있는 은행 지점에서 환전할 수 있다. 외화의 반입에 제한은 없지만 입국시에 신고를 해야 한다. 외국인에게는 환전시에 인민페(중국 화폐)와 같은 액수의 외화태화권과 태환증명서가 교부된다. 이 태환권은 귀국시에 다시 외화로 바꿀 수 있다. 이 때 태환증명서의 제시를 요구받게 되므로 잘 보존하도록 한다.

은행영업시간／월～금／9：30～12：00,　13：00～16：00,　토/9：00～12：00, 일요일／휴무. 그러나 호텔에서의 환전은 상기 시간 이외에도 가능하다.

※ 美弗 10 ＄：36元(88.12)

● **숙박〔반점**(飯店)**·빈관**(賓館)**〕**

북경, 상해, 광주, 소주, 계림, 장춘 등지의 일류호텔을 제외하고는 전반적으로 우리나라의 호텔보다 설비면에서 뒤떨어진다. 지방의 호텔 중에는 냉방이 되지 않거나 온수 공급이 시간제로 되는 곳도 있다. 호텔의 배정은 중국 국제여행사가 맡아서 하므로, 어떤 호텔에 머물게 될지는 현지에 도착할 때까지 알 수가 없다. 방은 원칙적으로 트와인 베드 룸을 2사람이 사용한다. 각 층에는 복무대(서비스 카운터)가 있어서 국제 전화·전보, 크리닝, 전언,

모닝 쿨 등을 맡아서 해주며, 외출시에는 열쇠도 여기에 맡겨 둔다. 외국인 여객의 출입도 빈번하므로 방을 비울 때에는 방문의 열쇠를 잠궈두는 것이 안심이 된다.

※ 호텔의 복무원은 공무원으로 팁은 받지 않는다.

● **식사와 음료**

• **중국요리**

프랑스 요리와 비견되는 중국요리는 문화의 하나라고도 할 수 있는 것이다. 오랜 역사의 흐름 속에서 갖가지 연구·창조가 거듭되면서 각지에 특색 있는 지방요리를 발달시켰다. 현재 남아 있는 명채(名菜 ; 유명한 메뉴)만도 8000가지가 넘는다고 한다. 또한 큰 호텔에서는 양식도 먹을 수 있다. 중국요리는 각 지방에 따라 4대 계통이 있으며, 각 계통마다 재료나 조미가 판이하게 다르다. 그러므로 간장 맛의 상해요리, 매운 사천요리, 기름진 광동요리, 단맛과 매운 맛이 조화된 북경요리라고 각기 표현할 수 있다.

북경요리／궁정요리와　북방요리가 혼합된 것. 추운 지방이므로 칼로리가 높은 튀김요리, 볶음요리에 명채가 많으며 진한 조미가 특색이다.

北京烤鴨 베이진카오야 : 북경요리의 통구이

涮羊肉 슈안양로우 : 얇게 썰어 데친 양
　　　고기를 양념장에 찍어 먹는 냄
　　　비 요리
醬爆鷄丁 창빠오치팅 : 닭고기의 된장
　　　볶음
烤羊肉 카오양로우 : 징기스칸

　사천요리／습도가 높고 추운 지방이
므로 향신료나 조미료 맛이 잘 밴 매운
맛이 특색이다. 재료는 민물고기와 야
채가 중심.
家常豆腐 차창투후 : 두부와 돼지고기
　　　의 된장볶음
回鍋肉 훼이궈로우 : 돼지고기 볶음
麻婆豆腐 마보두후 : 우리나라에서도
　　　흔히 볼 수 있는 것
乾燒蝦仁 간샤오샤렌 : 작은 새우 맵게
　　　볶은 것
棒棒鷄 반반치 : 닭고기의 매운 소스 무
　　　침
鍋巴蝦仁 퀴바샤렌 : 갈분죽 얹은 작은
　　　새우 요리에 누룽지 튀김 곁
　　　들인 것
鍋巴尤魚 귀바유유이 : 누룽지와　문어
　　　에 갈분죽 얹은 것

　상해요리／지리적으로 유리한 지점
에 위치하고 있어 담수어, 해산물이 풍
부하며, 진한 조미와 호사스러운 장식
이 특색. 또한 일찍부터 구미와의 접촉
이 있었으므로 서양식 조미나 기호가
첨가되어 있다.

紅燒肉 홍샤오로우 : 돼지고기 간장찜
紅燒划水 홍샤오화슈이 : 생선　지느러
　　　미와 꼬리의 간장 찜
螃蟹 팡시에 : 민물게(10월 중순～11월
　　　하순이 철, 소주 부근의 양등호산
　　　이 최고의 맛)

　광동요리／'음식은 광주'라고 불리듯
중국요리의 대표. 풍부하고 다채로운
재료의 풍미를 살리면서 담백하게 요리
해 내는 것이 특색.
咕咾肉 쿠우라오로오 : 돼지고기 일종
芙蓉蟹 후론세 : 게 경단
叉燒　차차오 : 구운 돼지
蝦仁炒蛋 시아렌차오탄 : 새우가 든 계
　　　란구이

　술／중국의 술은 양조법에 따라 다음
4가지로 분류된다. 또한, 중국의 연회
에서 주의할 것은 테이블에 놓인 발이
달린 잔에 든 마오타이주나 소홍주는
주인 측에서 건배의 소리가 나올 때까
지 입에 대서는 안 된다는 점이다.
　호안쭈(黃酒) ; 청주와 같이 쌀을 원
료로 한 양조주. 소홍주가 그 대표적인
것인데, 이것이 오래 된 술이 라오쭈
(老酒)이다.
　빠이쭈(白酒) ; 고량, 옥수수, 밀 등
을 원료로 한 증류주. 마오타이주가 유
명하지만, 오량액, 분주, 서봉주 등도
일품이다.
　삐쭈(碑酒) ; 맥주. 각 주요 도시마다
고유 상표의 맥주를 생산하고 있다.

쿠오쭈(果酒) ; 과일주로 와인, 브랜디 등이 있다.

야오쭈(藥酒) ; 호안쭈나 빠이쭈에 한방약을 배합한 술로, 강장제 약용주가 많다.

차／녹차(청차가 최고, 다음이 용정차), 홍차, 오룡차(우론차 ; 녹차와 홍차의 중간), 화차(자스민차가 유명)가 대표적인 것들이다. 중국에서는 일반적으로 찻잔 속에 직접 찻잎을 넣고 뜨거운 물을 따라 마신다.

●쇼핑

국토가 광대한 만큼 각지의 특산물이 풍부하다. 값도 싸며 상점은 국영이 많고 정가 판매이므로 안심하고 쇼핑을 할 수 있다. 골동품, 보석류에 복제품(모조품일 뿐 가짜는 아님)이 많으므로 주의를 요한다. 또한, 가격은 전국적으로 동일하지만, 어떤 도시에서 팔리고 있는 물건이 꼭 다른 도시에도 있는 것은 아니다. 쇼핑을 한 집에서 마치려면 외국인 전용 우의상점을 이용하는 것이 편리하다. 여기에서는 환전도 할 수 있다.

●북경(北京 · 베이징)

하북성의 중심부에 위치하는 중국의 수도. 화북평야의 북쪽 끝에 있으며 동 · 북 · 서 삼면이 산으로 둘러싸여 있다. 그 역사가 아주 오래 되어, 2000년 전의 전국시대에 연이 수도를 설치했던 곳이다. 5대의 요나라 시대에 연경이라는 이름으로 부도(副都)가 되었고, 금은 성역을 확대하여 중도(中都)라고 불렸다. 원은 새 성을 건설하여 대도(大

都)라고 불렀고, 명은 남경을 수도로 삼았으나 3대째인 영락제가 대도에 천도하여 북경이라고 개칭하였다. 청도 이곳을 도읍으로 삼았다. 즉, 현재의 북경거리는 원이 그 기초를 세웠고, 명이 개축을 했으며 청이 완성시켰다고 할 수 있는 것이다. 그 후 격동하는 역사 속에서 20년 남짓 수도로서의 지위를 다른 도시에 빼앗기기는 했지만, 고도(古都)의 면목을 잘 보존해와서 1949년에는 다시 중화인민공화국의 수도가 되었다. 신 정부 수립 후 곧 새로운 도시 건설이 시작되었는데, 특히 대약진기 동안에 많은 대건축물이 축조되어 그 면모가 일신되었다. 시는 9구 9현으로 이루어져 있으며 내성 안과 서교에 관공청·교육기관이 있고, 동교와 남교는 공장지대로 되어 있다.

●공항과 시내를 잇는 교통
공항에서 시내 중심부까지 택시로 약 40분. 요금은 편도 약 30유안(元).

●시내의 교통
여행자의 발로서 편리한 것은 첫째 택시, 다음으로 지하철, 트롤리 버스이다.

택시／우리나라에서와 같이 손님을 찾아서 돌아다니는 택시는 거의 없으므로, 호텔의 프론트에 부탁하여 불러달라고 한다. 찾아간 곳에서는 택시를 기다리게 해놓았다가 그 차를 다시 타고 돌아오는 것이 좋다. 타기 전에 행선지나 코스를 쓴 쪽지를 미리 건네주면 나중에 시비가 생기는 것을 예방할 수 있다.

지하철／북경역에서 서쪽으로 석경산까지의 순환선이 있다. 요금은 일률적으로 1차오(角).

버스·트롤리 버스／노선이 단순하므로 노선도가 있으면 여행자도 이용할 수 있다.

●볼 만한 곳
북경은 명조의 수도로서 자금성(현재의 고궁)을 중심으로 한 내성의 주위를 성벽이 둘러싸고 있었다. 현재의 동성구와 서성구가 대강 그 범위이다. 해방 후 구성 내에 잇달아 공공건축물이 건설되고, 교통의 장애가 된다고 해서 성벽은 모두 철거되었다. 시의 중심은 천안문 광장이다.

천안문(天安門) ; 시의 중심에 있는 성문. 명·청의 왕궁 남쪽 정문이었던 것으로 성문 위에는 문루가 솟아 있다. 북경뿐 아니라 중국의 국가적 상징으로 되어 있다.

천안문 광장(天安門廣場) ; 천안문 앞의 대광장으로 40만명을 수용할 수 있다. 중앙에 우뚝 서 있는 인민영웅기념비를 둘러싸고 천안문, 인민대회당, 중국혁명박물관, 역사박물관이 있다.

고궁(故宮) ; 천안문의 북쪽. 예전에는 자금성이라고 불리던 명·청의 왕궁으로, 현재는 박물관으로 되어 있다. 약 72ha의 광대한 부지 위에 9000개 이상의 크고 작은 궁전과 누각이 세워져 있다.

경산공원(景山公園) ; 고궁의 북쪽. 높이 92m의 인공 언덕 위에 청대의 5개의 정자가 세워져 있어, 시가지를 한눈에 내려다볼 수 있게 되어 있다. 언덕 동쪽에 서 있는 노목은 명조 최후의 황제가 목을 매 죽은 장소로 유명하다.

북해공원(北海公園) ; 고궁의 서북쪽에 있는 요에서 청에 이르는 역대 황제의 비원(秘苑). 넓은 원내에 5개의 인공호를 배치하여 아름다운 조원(造園) 기술이 돋보인다. 경화도에 우뚝 솟아 있는 티벳풍의 흰탑이 인상적이다.

역사박물관(歷史博物館) ; 천안문 광장의 동쪽. 5000년에 걸친 중국의 역사를 원시사회, 노예제사회, 봉건사회의 3단계로 나누어 알기 쉽게 전시하고 있다.

유리창(琉璃廠) ; 천안문 광장의 남쪽. 서화, 골동품, 필묵, 벼루, 고도구, 고본 등을 파는 오래 된 가게들이 즐비한 구역이다.

민족문화궁(民族文化宮) ; 천안문의 서쪽. 인구는 전 인구의 6％에 불과하지만 면적은 전 국토의 60％를 차지하는 소수민족의 역사를 일람할 수 있는 장소. 내부에 박물관, 도서관, 오락관, 강당이 있다.

광제사(廣濟寺) ; 경산공원의 서쪽. 금나라 때 창건된 사찰로, 사찰의 거리 북경에서도 이름난 유명한 고찰. 문고와 백단의 줄기에 조각한 대불상이 특히 유명하다. 현재 중국불교협회 본부가 여기 있다.

옹화궁(雍和宮) ; 경산공원의 동북

쪽, 시내 최대의 라마교 사원으로, 거대한 티벳풍 미륵불로 유명하다. 17세기 말의 건축물로, 원나라 옹정제가 황태자 시절에 살던 궁전이었다.

천단공원(天壇公園) ; 역사박물관의 남쪽. 명·청의 황제들이 풍년을 기원했던 곳으로 기년전, 원구, 황궁우 등의 건물이 남아 있다. 특히 기년전은 아름다울 뿐만 아니라 한 개의 못도 사용하지 않은 목조건축물의 정수로 알려져 있다.

북경동물원(北京動物園) ; 시의 서교. 팬더로 유명하지만, 그 밖의 진귀한 동물도 많다.

북경대학(北京大學) ; 시의 서교. 1898년 창립된 중국의 대표적 대학. 18학과가 있으며 학생 총수는 약 1만명. 18세기 말의 고관 소유의 정원 안에 있어 캠퍼스가 무척 아름답다.

명의 13능 ; 시의 서북교 약 80km지점에 있는 명조 13대의 황제의 능묘. 그 중에서도 정능이라고 불리는 만력제의 능은 5개의 방으로 나뉘어져 있는데, 그 호화로움은 지하궁전이라는 별명이 붙어 있을 정도이다.

만리장성 ; 시의 서북교 약 80km지점. 진시황이 흉노의 침입을 방지하기 위하여 쌓은 장장 5400km에 이르는 성벽으로, 높이 7~8m, 폭 5.8~6.5m. 특히 팔달령은 표고1000m남짓되는 높은 곳에 있어 장성의 경관이 특히 웅대하다.

● 호텔

北京飯店	베이진 환티엔	☎500-7766
民族飯店	민조우 환티엔	☎65-8541
前門飯店	첸멘 환티엔	☎33-8731
新僑飯店	신차오 환티엔	☎55-7731
和平賓館	호삥 빈관	☎55-8841
友誼賓館	요우이 빈관	☎89-0621
華僑大廈	호아차오 다시아	☎55-8851
燕京飯店	이엔칭 환티엔	☎86-8721
建国飯店	첸쿠오 환티엔	☎500-2233
京倫飯店	칭룬 환티엔	☎500-2266
長城飯店	창총 환티엔	☎500-5566
麗都飯店	리타우 환티엔	☎500-6688
燕翔飯店	이엔쇼우 환티엔	☎47-1592
西苑飯店	시엔 환티엔	☎89-0721
日壇賓館	리탄 빈관	☎500-2288

● 레스토랑

북경은 수도인만큼 중국 각지의 요리점이 몰려 있다. 북경요리 중에서도 양고기요리와 오리요리는 본고장 맛을 즐길 수 있다. 서민의 맛을 즐기려면 거리의 모퉁이에 있는 샤오치디엔(小吃店；선술집)을 찾는 것이 좋을 것이다.

● 나이트 라이프

'경극'이란 '북경의 극'이라는 뜻으로 18세기 말에 이 도시에서 생겨나 민중들에 의하여 발달된 중국 고유의 연극이다. 북경 시민들은 예전부터 예술을 좋아했다. 입장권은 중국 국제여행사에서 구할 수 있다.

경극(京劇)；노래와 대사에 의해서「삼국지」나「손오공」이야기를 전개하는 일종의 가극. 악기의 반주, 노래, 억양을 붙인 대사, 간략한 무대장치, 양식적인 분장, 채색하는 메이크업 등이 특징이다. 현재의 경극은 해방 전의 것에 비해 상당히 알기 쉽게 되어 있다. 중국어를 모르더라도 무대 옆의 자막에 노래의 가사가 나오므로 이야기의 대강 줄기는 알 수 있다.

서커스(雜技)；곡예, 마술 등 볼 것이 많아 무조건 재미있으며, 극히 어려운 기술이 볼 만하다.

● 쇼핑

북경에서 살 만한 것으로는 칠보구이, 옻나무 조각, 퇴주(중국 공예의 정수), 옥석조각(예술품이라고 해도 좋음), 인재(印材), 비취, 모피, 장신구, 책상보, 쿠션 커버, 골동품, 서화, 필

묵, 벼루, 인감(몇 시간 완성의 것도
있음), 탁본, 역사 문물의 복제 등이
있다.
　상점가／시내 제 1의 번화가가 왕부
정으로 백화점과 시장, 각종 상점이 즐
비해 있다. 서화·필묵·벼루·골동품
등을 찾는다면 유리창.

●상해(上海·샹하이)
　장강 하구 남부, 황포강·소주하 두
강의 교류점에 위치하는 중국 최대의
상공업 도시. 중앙 직할시이며 인구 약
1200만 명. 그 역사는 비교적 새로워,
12세기 중순 소주의 외항으로 출발했
다. 1842년 남경조약에 의하여 개항된
후로 급속한 발전을 이루어 제국주의
열강의 중국 진출 거점이 되었다. 프랑
스 조계와 영·미 공동조계가 설치되어
'개와 중국인 출입금지'라는 푯말이 세
워졌었다. 당시 시내에는 소매치기, 도
둑, 창부, 도박 등 온갖 범죄가 횡행하
여 가위 악의 소굴이라고 부를 수 있을
정도였다. 또한 반제·반봉건 혁명운동
의 중심지로도 되어, 1921년에는 중국
공산당의 창당대회가 여기에서 열렸었
다. 1925년의 5·30 운동 이후 3번에
걸친 무장봉기가 있었으며, 중국 정부
수립 후인 1965년에는 문화대혁명의 불
길이 이곳에서부터 일어났었다. 현재
'4가지 근대화' 추진의 중요한 담당지
로서 더욱더 발전해가고 있다. 시는 10
구 10현으로 이루어져 있다

●공항과 시내를 잇는 교통
　도심까지 약 15km. 택시로 30분, 약
12유안(元).

●시내의 교통
　여행자가 이용하기 편한 교통기관은
첫째 택시, 다음이 버스.

　택시／호텔의 프런트에 부탁하여 불
러 달라고 한다. 방문지에서는 택시를

기다리게 해놓았다가 그 차로 돌아오는 것이 현명하다. 행선지나 코스를 적은 쪽지를 건네주는 편이 트러블 방지에 도움이 될 것이다. 돌아다니며 손님을 태우는 택시도 있기는 하지만 적다.

버스／행선지를 적은 종이를 보이는 것이 가장 쉬운 방법이다. 아침·저녁 러시 아워는 혼잡하다.

●볼 만한 곳

시의 중심부는 황포강의 서안, 소주하를 낀 지역으로 동서로 뻗은 남경로가 시 제1의 번화가이다. 그 남쪽을 이것과 평행으로 뻗은 연안로가 예전 북쪽의 영국 조계와 남쪽의 프랑스 조계의 경계선이었던 길이다.

외탄(外灘)；구칭반도, 황포강을 따라 상해인민정부, 상해세관, 화평반점 등의 유럽풍의 가로가 계속되는 곳. 상해 대하 옥상에서의 전망은 시내 제1.

황포 공원(黃浦公園)；황포강변에 펼쳐진 하안(河岸)공원. 중국 국제무역의 8할을 취급하는 상해항의 분주함을 직접 목격할 수 있는 장소. 또한 황혼녘에는 연인들의 밀회 장소로 변한다.

상해박물관；상해 근교에서 발견된 신석기시대로부터의 발굴품을 전시하고 있다. 그 중에서도 동기(銅器)는 압권으로 뛰어난 작품이 많다. 또한 서화류도 방대한 수에 이른다.

예원(豫園)；명대의 정원. 조원법은 소주의 정원과 아주 비슷하다. 태평천국 때 소도회의 사령부가 설치되었던 곳으로 유명하다. 또한 이 일대는 시민생활을 관찰하는 데 적격인 장소이다.

상해공업전람관；세계적인 수준을 자랑하는 상해시의 공업제품을 전시하고 있다. 그 내용은 중국정부 성립 전의 주요 공업이었던 방적업을 비롯하여 전기, 기계, 조선, 자동차, 화학 공업 등이다.

소년궁(少年宮)；각 학교에서 선발된 소년 소녀가 방과 후나 휴일에 이곳에서 훈련을 받고, 다시 학교로 돌아가 다른 학생들을 지도한다. 시내 외에 20개 이상이 있다.

옥불사(玉佛寺)；청대인 1882년 혜근화상이라는 중이 버마에서 옥불 2존

(坐像, 臥像)을 가져와 지은 절. 1918년에 현재의 소재지로 옮겨 지었다. 청대의 목판·대장경은 전 7168권의 대컬렉션.

홍구공원(虹口公園) ; 시의 북쪽. 공원 가장 안쪽에 노 신 기념관과 노 신의 묘가 있다. 묘비는 모택동이 세운 것인데, 묘 앞에 의자에 앉아 있는 노 신상이 있다.

노 신 기념관(魯迅記念館) ; 홍구공원 안. 1936년에 사망한 혁명 작가 노 신의 상해시대의 자필원고, 유품, 문헌 등이 주로 모아져 있다. 건물은 출생지인 소흥의 건축양식을 본뜬 것이다.

● 호텔

錦江飯店	진지안 환티엔	☎582582
和平飯店	호삥 환티엔	☎218050
上海大廈	샹하이 타샤	☎246260
国際飯店	구오지 환티엔	☎225225
静安賓館	진안 빈관	☎563050
龍柏飯店	론바이 환티엔	☎329388
衡山賓館	헹샨 빈관	☎377050
上海賓館	상하이 빈관	☎312312

華僑飯店	화짜오 환티엔	☎226226
達華賓館	타화 빈관	☎523079
華亭賓館	호크틴 셰라톤	☎386000

● 레스토랑

상해에는 중국요리 4대 계통의 각 레스토랑이 다 있지만, 역시 본고장 요리인 상해요리를 들어보도록 권한다. 일류호텔의 명 쿡들이 제철의 야채나 생선을 써서 상해요리의 진미를 맛보게 해줄 것이다. 다음은 호텔 이외의 레스토랑이다.

人民飯店	렌민 환티엔	☎533475
上海飯店	샹하이 환티엔	☎225254
老正興	라우쏭싱	☎222624
上海老飯店	샹하이 라우 환티엔	
紅房子	홍환즈(프랑스 요리)	☎565748

● 나이트 라이프

중국 최대의 도시 상해는 북경과 더불어 예술과 예능이 활발한 곳이다. 입장권은 국제여행사에서 구할 수 있다.

연극 ; 고전극 '경극'을 비롯하여 상

해의 '호극', 강소성과 절강성 일대에서 성행하는 '월극' 등의 지방극을 감상할 수가 있다. 특히 경극은 본고장의 박력과 전통을 느끼게 해줄 것이다.

서커스(雜技) ; 상해잡기단이 묘기를 펼쳐 보여준다. 곡예뿐 아니라 마술이나 흉내내기 등도 있으며 운이 좋으면 팬더의 귀여운 재주놀이도 구경할 수 있다.

●쇼핑

상해에서 살 만한 물건은 도자기, 자수, 인형, 고급가구, 견직물, 보석, 파이프, 한방약, 조개껍질 세공, 필묵, 벼루, 우표, 서화, 골동품 등이다.

상점가／서울의 명동에 해당하는 것이 남경동로, 제1백화점을 비롯하여 각종 상점이 연이어 있다. 예원 근처에는 공예품 가게가 즐비하다.

●광주(廣州 · 광조우)

광동성의 성도인 광주는 화남 최대의 통상도시로서, 연 2회 개최되는 중국수출상품교역회로 잘 알려진 국제적인 상업도시이다. 주강의 만곡부라는 지리상의 요지에 위치함으로써 일찍부터 발달하여, 그 역사는 멀리 3000년 가까운 옛날까지 거슬러 올라간다. 진시황은 기원 전 214년에 군대를 이끌고 이 땅으로 내려왔으며, 전한시대에는 남월의 도읍지였다. 당대에는 서·남 아시아 나라들로부터 상선들이 통상을 위하여 자주 왕래하게 되었는데, 지금 '중국의 남쪽 현판'이라고 일컬어지는 국제성은 이 시기에 그 싹이 튼 것이다. 아열대 기후에 위치하기 때문에 4계절을 통하여 따뜻하며, 연간 평균 기온은 약 22도, 항상 다채로운 꽃들이 피어 있는 온난한 땅이다.

●볼 만한 곳

광주는 녹색의 거리이다. 시내에는 시민들의 휴식처인 공원이 많고, 가로도 계절마다의 꽃을 피운 가로수가 정연하게 심어져 있어서 전체적으로 밝은 분위기에 싸여 있다. 그러나 광주라고 하면 중국 혁명의 한 거점이 되었던 곳으로, 손 문이나 모택동 등, 혁명과 인연이 깊은 사적지가 관광의 중심을 이룬다.

●호텔

流花賓館	☎68800
広州賓館	☎61556
東方賓館	☎69900
広州市白雲賓館	☎67700
華僑大廈	☎61112
白天鵝賓館	☎86968

▲공자묘 / BC 478년 개축, 묘역 약 2만m², 높이 3.3m, 공자
의 옛집을 개축했으며 그림에서 보이는 풍경이 1km에 달한다.

▲양쯔강〔揚子江〕/ 1,600km 상류까지 큰 기선이 항해할 수 있
는 아시아 제1, 세계 제3위의 강이다.

中國語會話

Chinese Language Begining Course

A. 實用語句

B. 基礎會話

C. 基本單語 … 167

A. 實用語句

셴 마 시 호우

1. 什么时候? 언제?

치 시

几时? 몇 시?

위의 두 가지 모두 때를 물을 때 쓰는데, "언제?"
라고 막연하게 물을 경우에는 " **什么时候** ", "몇 시
입니까?"하고 구체적으로 물을 때는 " **几时** ?"를
쓴다.

셴 마 시 호우　　　추 파

什么时候　出发?
(언제 출발하실 겁니까?)

일정을 물을 때나 사전 협의를 하는 경우 등에 자주
듣게 되는 말이다.

뛰 찬

2. 多长? 　언제 까지 (시간)
　　　　　　얼마나(물건의 길이?)

"**多长**?"은 "얼마나 길게?"라는 뜻으로, 시간이
걸리는 정도와 물건의 길이를 묻는 경우에 모두 쓰
인다. 이 밖에 소요되는 시간을 물을 때 "**多久**?"
라는 말을 쓰기도 한다.

니　　차이　　초루　　타이　　뛰 찬　　〔뛰 추〕

你　在　这儿　待　多长〔多久〕?
(언제까지 이곳에 머무르십니까?)

초 쏘　　차오　　요　　뛰 찬

这座　桥　有　多长?
(이 다리 길이는 어느 정도입니까?)

튀 유안

3. **多远?** 얼마나 멉니까?

튀 카오(튀 타)

多高(多大)? 얼마나 높습니까?

타오　페이칭　요우　튀 유안

到　北京　有　多远?

(북경까지는 얼마나 멉니까?)

나 초　타 뤄　요우　튀 카오

那座　大楼　有　多高?

(저 빌딩 높이는 얼마쯤 되요?)

튀 센

4. **多深?** 얼마나 깊습니까?

튀 코앙 쾅　(튀 타)

多宽广?（多大)? 얼마나 넓습니까?

나 코　후　요　튀 센

那个　湖　有　多深?

(그 호수는 얼마나 깊은가요?)

초 코　쾅 창　요우　튀 코앙 쾅

这个　广场　有　多宽广?

(이 광장은 얼마나 넓습니까?)

속도를 물을 때는 "**多快?**"(얼마나 빠른가요?) 라고
말한다

수 투　요우　튀 콰이

速度有　多快

(속도는 어느　정도예요?)

튀 샤오　　　튀 샤오 첸

5. 多少？　　多少钱？　　얼마？

　　같은 "얼마？"라도 분량을 물을 때에는 **"多少？"**이고, 물건 값, 요금 등을 묻는 경우에는 **"多少钱？"**을 쓴다.

니　　야오　　튀 샤오

你　要　多少？
(얼마나 필요합니까？)

초 코　　　튀 샤오 첸

这个　多少钱？
(이것은 얼마입니까？)

나 코　　　튀 샤오 첸

那个　多少钱？
(저것은 얼마입니까？)

6. 多大岁数？ 几岁？ 몇(나이)？

나이를 물을 때 어른에게는 "多大岁数？", 어린이에 게는 "几岁？"를 쓴다.

你　多大　岁数？
(당신은 몇 살입니까?)

小孩，你　几岁？
(애야, 몇 살이니?)

또, 건물이 세워진 지 얼마나 오래 됐나 등을 물을 때는 "多少年？"이라고 한다.

7. 怎么? 무슨 이유로?

이유나 원인을 알 수 없을 때 묻는 말이다.

怎么 这么 热?
(왜 이렇게 덥습니까?)

怎么 这么 冷?
(왜 이렇게 춥습니까?)

하는 식으로 말한다. 또, "어떻게?"와 같이 방법을 물을 때에는 " 怎样? "이라고 하면 뜻이 통한다.

怎样 说 才 好?
(어떻게 말하면 되겠습니까?)

8. 这 是 什么? 이것은 무엇입니까?

"이것은 무엇인가?"라고 물을 경우에 쓰이는 말이다. 멀리 있는 것을 물을 때는,

那 是 什么?
(그것은 무엇입니까? 저것은 무엇입니까?)

둘 이상의 것을 물을 경우에는,

这些 是 什么? (이것들은 무엇입니까?)
那些 是 什么? (저것들은 무엇입니까?)

라고 말한다.

이 말들은 쇼핑 등을 할 경우에 사고싶은 물건을 중국어로 뭐라고 하는지 모를 때나 잊어버렸을 때 쓸 수 있어 아주 편리하다. 직접 손에 들고 "这是什么?"라고 하면 상대편이 물건 이름을 말해주니까 자연히 물건 이름을 배울 수 있다. 손이 닿지 않는 곳에 있는 물건은 그것을 가리키면서 "那是什么?"라고 하면,

那 是 钢笔
(저것은 만년필입니다.)

등과 같은 대답을 듣게 된다.

9. 那个 在 哪儿?
그것은 어디 있습니까?

"어디 있습니까?" 하고 물건이 있는 장소를 물을 때의 표현이다. 둘 이상의 물건이 있는 장소를 물을 경우에는 "那些在哪儿?" "그것들은 어디 있습니까?" 라고 말한다. 이 질문에 대해서는,

在 机场 (공항에)

在 饭店 的 房间 里 (호텔방에)

와 같이, "在"라는 장소를 나타내는 말을 물건 앞에 붙인 대답이 나온다.

물건의 경우는 위의 보기처럼 되지만, 사람의 소재를 물을 때에는,

他 在 哪儿? (그는 어디 있습니까?)

她 在 哪儿? (그녀는 어디 있습니까?)

你 在 哪儿 工作? (당신은 어디에 다니십니까?) 등으로 말한다.

※ 제3인칭 "그" "그녀"는 각각 "他们" "她们"이며, 제1인칭의 복수는 "我们", 제2인칭은 "你们"이다.

10. 我 不 懂
우오　푸　통

저는 모르겠습니다

상대방이 무슨 말을 하는지 모를 때 쓰는 말이다.
우오푸 밍 파이
" **我不明白** "라고 표현할 때도 있다. " **我不懂**"은
"무슨 뜻인지 모르겠습니다"라는 뜻이다.

무슨 말을 물어보는지는 알아도 그 질문에 대한 바
른 답을 모르거나 알 수 없어서 "저는 모릅니다" 라고
말하는 경우에는,

우오　푸　찌 타오
我 不 知道 (저는 모릅니다)

우오　반 쭈안　푸　찌 타오
我 完全 不 知道 (저는 전연 모릅니다)

우오　이 티엔　예　푸　찌 타오
我 一点 也 不 知道
(저는 조금도 모릅니다) 등을 쓴다.

단, 안면이 있는가 어떤가의 "알고 있다"는 " **认识** "
렌 시
라고 말한다.

니　렌 시 타 마
你 认识 他 吗？
(그를 알고 있습니까?)

우오 렌 시
대답은 "알고 있다." " **我认识** ",
우오푸 렌 시
"모른다" " **我不认识** " 등이 된다.

11. 请 慢慢 说
천천히 말해 주십시요,

상대편의 말이 너무 빨라서 알아 들을 수 없거나 말
뜻을 이해할 수 없을 때는 망서리지 말고 천천히 말해
달라고 부탁한다, 특히 수자 등을 잘못 들었다가는 낭
패를 당할 수 있기 때문이다, 상대방에게 "말이 너무
빠르다" "잘 들리지 않는다"라고 말하고 싶을 때는,

你 说得 太快
(당신 말은 너무 빠릅니다)

我 听 不 清楚
(잘 들리지 않습니다) 와 같이 말한다,

12. 칭 니 차이 슈오 이 삐엔 하오 마 请 你 再 说 一 遍 好 吗 ?
다시 한 번 말씀해 주시겠습니까?

상대편이 무슨 말을 하고 있는지 모를 때, 혹은 잘 알아 듣지 못했을 때 쓴다. 이것을 간단히 "请再说"라고만 해도 충분히 통한다.

종국인이 말을 걸어왔을 때 무슨 말을 하고 있는지 모를 경우에 이 "请再说"를 몇 번씩 되풀이하여도 결코 실례가 되지 않는다. 주의해야 할 일은 부끄러워해서, 혹은 모른다고 해서 잠자코 있거나 하면 오해 받을 수가 있다는 점이다. 또 아무리해도 상대편이 하는 말을 이해할 수 없을 때는 "유감스럽습니다마는" 이라는 뜻의 "对不起", 또는 "很抱歉"이라고 말한다.

13. 니　팅　팅　우오 슈오 타 호아　마
你 听 懂 我 说的话 吗？

제 말을 이해하시겠습니까?

자기 말을 상대방이 이해했는지 확인할 때 묻는다.
더 간단하게는,

팅　팅　라　마
听 懂 了 吗？ (알았습니까?)

밍 빠이　마
明白 吗？ (알겠어요?) 라고 해도 된다.

14. 칭　시에 차이　쯔루
请 写 在 这儿

여기에 써주십시요.

아무리해도 상대편 말을 알아들을 수 없는 경우에는
이와 같이 말하고 종이에 써달라고 하는 것이 제일이다.
그냥 "써주십시요"라고 하려면,

칭　시에 이 시에
请 写一写 (써주십시요) 라고 간단하게 말해
도 된다.　　중국 사람과 펜팔을 하고 싶어서 주소나
이름을 적어 달라고 할 때도 이렇게 말하면 된다.
또한 기념으로 사인을 받고 싶을 때는,

칭　쳬　밍　리우　니엔
请 签 名 留 念

(기념으로 사인 좀 해주십시요) 라고 말한다.

15. 是 ^시 예.

어떤 질문을 받았을 때 "예" 하고 대답하는 경우에 쓰이는데, 상대편 말의 내용에 따라서는 " 是 " 외에 " 是的 ", " 好 ", " 好的 ", " 到 ", " 有 " 등을 쓸 때가 있다.

예컨대 상대편이 이쪽을 불러세울 경우에는 " 是 " 를 쓰지만, 이것을 강조하고 싶을 때는 " 是" 뒤에 "的 " 를 붙여 약간 강하게 발음한다. 또,

是我 吗 ? (저 말씀입니까?)

와 같이 자기를 특히 나타내는 말투도 있다.

그 밖에 출석 여부를 조사할 때의 대답으로서 "예"는 " 到 " 또는 " 有 "가 된다.

好 (알겠습니다)

对 〔行〕 (그렇습니다)

등의 표현법도 있다.

※ "예"라는 뜻의 " 是 "라는 말은 판단 동사로서 영어의 be 동사에 해당한다. " 是 "는 시제의 변화가 없어 현재형이나 과거형이나 똑같다.

16.　不　아니오

상대편이 "… 입니까?" "… 합니까?"라고　물었을
때 "아니오, … 않습니다"라고 하지 않고, 그냥 "不"
라고만 대답해도 된다. 좀 더 공손하게 대답할 때에는
상대편이 물을 때 쓴 말을 그대로 써서 그 말 앞에 "不"
를 붙이면 된다. 예컨대, "是"라는 말에 대하여 "아니
오"라는 의미를 말하고 싶은 경우에는 "不是", "对"에
는 "不对"를 쓸 수 있다.

　　"아니오"라고 분명하게 단정하지 못 하고 "글쎄요"
라고 생각을 할 때에는 "呃"라고 말한다. 이 "呃"라는
말은 대화 토중에 말이 막혔을 때 쓴다. 대화가 끊긴
공백을 메꾸기 위해 쓰는 경우에는 "呃" 외에 "这个"
를 써도 되는데, 오래 생각하는 경우 등에는 이 "呃"
를 두 세번 되풀이 해서 "呃, 呃 …"하고 길게 발음한
다. 그러나 너무 계속해서 쓰면 듣기 싫은 경우도 있
고, 극단적인 경우에는 오히려 결단력이 없는 사람으
로 오해 받아 손해를 보는 경우도 생긴다. 이런　때에
는 "참깐 생각 좀 해봐도 되겠습니까?"라는 뜻의
"让我想想看"이나 "我想"을 쓴다.

17. 是 吗？
아, 그렇습니까?

"정말입니까?"라는 뜻의 말로서 대화 도중에 동감의 뜻을 나타낼 때에 쓴다. 같은 동감의 표현으로서 "과연 그렇군요"라고 할 경우에는 "可不是"라고 한다. 보다 더 강조하고 싶을 때에는 "吗"를 붙여서 "可不是吗"가 된다. 이와 같이 "그렇군요"라고 상대방에게 동감한다는 느낌을 나타내는 데에는,

我 也 这 么 想
(저도 그렇게 생각합니다)

你 说 的 是
(그렇습니다)

是 啊！ (맞습니다)　등으로 말하고, 다시

对 极 了
(정말 그렇습니다)

라고 덧붙여도 된다. 의문을 던지고 싶을 때에는 다음과 같이 표현한다.

我 不 这 么 想
(저는 그렇게 생각하지 않습니다)

18. <ruby>上<rt>시앙</rt></ruby> <ruby>哪儿<rt>나루</rt></ruby> <ruby>去<rt>쮜이</rt></ruby>？
어디 가십니까?

일상적으로 듣는 말이다. 택시를 탔을 때, 운전수가 손님에게 갈 곳을 묻는 경우에 쓴다. 또, 안면이 있는 사람에게 "어디 가셔요?" 하고 말을 걸어도 실례가 되지 않는다. 위의 예에서 "上" 대신에 "到(타오)"를 넣어서 예컨대,

<ruby>你<rt>니</rt></ruby> <ruby>到<rt>타오</rt></ruby> <ruby>哪儿<rt>나루</rt></ruby> <ruby>去<rt>쮜이</rt></ruby>？
(당신은 어디로 가십니까?)
라고 해도 뜻은 같다.

택시를 탈 때, 행선지가 발음하기에 어려운 곳일 경우에는 미리 메모지에 행선지, 이름을 써두고 운전수에게 보여주면 효과적이다.

19. 从 哪儿 来的？

어디서 오셨습니까？

여행 중 비행기, 버스 등 탈것 안에서 옆좌석 사람에게서 흔히 받게 되는 질문이다. 또, 때로는,

您 从 哪儿 来的？

(어디서 오신 겁니까?)

라고 묻는 경우도 있다. 이런 경우에는 "한국에서 왔읍니다." " 从韓国 "라고 하면 되는데, 특히 도시나 마을까지도 알리고 싶을 때는 "的"라는 말을 " 韓国 " 뒤에 붙이면 된다.

从 韓國 的 Seoul 来的

(한국의 서울에서 왔습니다)

또한 이쪽에서 상대편에게 같은 질문을 해보면 상대편에서도 역시 같은 대답이 나오므로, 그것이 계기가 되어서 친숙하고 우호적인 분위기를 만들어 낼 수가 있다.

20. 你 叫 什么 名字?
니 치아오 센마 밍츠

당신 이름은?

상대편 이름을 묻는 경우에 쓰는 말이다. 만일 상대편이 자기보다 연장자인 경우에는,

您 贵 姓?
닌 코이 싱

(성함이 어떻게 되십니까?)

하고 공손한 말투를 쓴다. 이것을 간단하게 "贵姓?"이라고만 해도 결코 실례가 되지 않는다. 또한, 상대방이 자기와 같은 또래이거나 연하인 경우에 성만을 물을 때에는 "你姓什么?", 이름까지 물을 경우에는 "你叫什么?"라고 해도 된다. 또한 각각의 중국어 앞에 "请问" "좀 물어보겠습니다만"을 붙일 때도 있다. 이 밖에 "您贵姓? 名叫什么?"(성함이 어떻게 되십니까?) 라고 하면 보다 더 정식 질문이 된다.

만일 상대편 이름을 도저히 알아듣지 못 할 경우에는 앞쪽에서도 한 것처럼 종이에 적어 달라고 하는 것도 한 방법이다. 그것을 읽을 수 없는 경우에는 상대편에게 "你的名字怎么念?"(당신 이름은 어떻게 읽습니까?) 라고 말한다.

21. **我 姓 金**

나의　성은 김입니다.

　남이 자기의 성을 물으면 위와 같이 "**我姓金**"이라고 대답한다. 자기가 먼저 "저는 …라고 합니다"라고 이름을 밝힐 때는 일반적으로 "**我叫**…" 쪽이 더 많이 쓰이는 것 같다. "**叫**"는 성과 이름을 동시에 말하는 경우에 쓰이는데,

我 叫 金明秀

(저는　김명수라고 합니다),　또는

我 姓 金, 名 叫 明秀

(저의 성은 김이고 이름은　명수라고 합니다)

라는 식으로 말한다.

　명함을 갖고 있는 경우에는 명함을 건네주면 틀림없이 자기 이름을 알려 줄 수가 있다. 그러나 중국에서는 처음 만나는 사람과 명함을 교환하는 습관은 없으므로 주의할 필요가 있다.

　우리나라에서는 "잘 부탁합니다"라고 하는데, 이 말을 하고 싶을 때는 "**请多关照**"라고 한다.

22. 你 早 아침 인사

아침 나절의 인사는 "你早"라고 말한다. 이것을 간단히 "早"라고 해도 된다. 보다 공손한 표현은 "您早", 상대편이 2사람 이상인 경우에는 "们"을 붙여서 "你们早"라고 한다. 그러나 "您们早"라는 말은 없다. 그 밖의 시간에 하는 인사는,

你 好

晚上 好 (안녕하십니까? 저녁인사)

이다. "你好"를 직역하면 "당신은 건강하시지요"가 되므로 하루 중 아침, 낮, 저녁 어느 때라도 쓸 수 있는 말이다. 또한 첫대면 때의 인사말로도 쓸 수 있다.

인사가 끝난 다음 흔히 "睡得好吗?" "잘 주무셨읍니까?" 하는 말을 듣게 되는데, "잘 잤습니다"는 "睡得很好", 그렇지 못 했을 때는 "睡得不太好"이다.

보통 제2인칭인 "당신"은 "你"를 쓰지만, 보다 공손한 표현으로 "您"이라는 말이 있다. 연장자 등에게는 "您"을 쓰는 편이 좋다.

23. 니 하오 마
你 好 吗?

안녕하십니까?

인사 말 가운데 하나인데, 만약 상대방의 건강에 대해서 물으려면,

니 셴테 첸 마 양
你 身体 怎么样?

(건강은 어떠십니까?)

하고 묻는다. 또한, 상대편이 이렇게 물어온 경우에 건강하다는 것을 나타내려면,

하오 셰 셰 니
好, 谢谢你 (좋습니다, 고맙습니다)

셰셰 헨 하오
谢谢, 很好 (고맙습니다, 아주 좋습니다)

등으로 말한다. 그런 다음 예의상으로

니 나
你 呢? (그런데 당신은 어떻습니까?)

니 첸 마 양 나
你怎么样呢? (당신 쪽은 어떠신지요?)

라고 덧붙이는 것이 보통이다. 유감스럽게도 이 쪽 건강이 별로 좋지 않을 때에는 다음과 같이 대답한다.

우오 요우 티엔 푸 슈 후
我 有点 不舒服

(컨디션이 별로 좋지 않습니다)

24. 初 次 见 面
처음 뵙겠읍니다.

첫 대면 때 으레 하는 말인데, 더 간단하게 말하고
싶을 때는 "**你好**"라고 해도 된다, 또 "**初次**" 대신에
"**第一次**"라든가 "**头一次**"라고 하는 경우도 있다,
그 다음에,

请 多 关 照
(잘 부탁합니다)

라고 이어 말하는 것이 습관으로 되어 있다, 같은 의
미로 "**请多 帮助**"라는 말도 자주 쓰인다.

25. 谢 谢

고맙습니다.

감사하는 마음을 나타낼 때 쓰는 가장 간단한 말이
"谢谢"이다. "谢谢"를 두 번 되풀이 하여 "谢谢，谢谢"
라든가 "谢谢您"이라고 하면 좀 더 공손한 표현이 된
다.

또 대단히 고맙습니다" 하고 강조하고 싶을 때에는,

多谢, 多谢
(대단히 고맙습니다)

非常 感谢
(대단히 감사합니다)

라고 말한다.

또한 남한테서 고맙다는 인사를 받거나 위로의 말을
들었을 때 겸손한 태도를 보이려면,

哪里, 哪里
(별 말씀을)

哪儿 的话
(천만에요)

등으로 대답한다.

26. 哪里，哪里
별 말씀을

"고맙습니다"라고 인사를 하면 보통 이런 대답을 들을 수 있다.

没 什 么 (별것 아닙니다)

别 客 气 (마음 쓰지 마십시요)

不谢, 不谢 (고마워하실 것 없습니다)

27. <ruby>对<rt>토이</rt></ruby> <ruby>不<rt>뿌</rt></ruby> <ruby>起<rt>찌</rt></ruby>

죄송합니다.

남을 기다리게 하거나 남에게 손해를 끼쳤을 때, 또는 약속 따위를 못 지켰을 경우 등에 사과하는 말로 쓰인다. "정말 죄송합니다" 하고, "정말"이라는 것을 강조하고 싶을 때에는,

<ruby>实<rt>시</rt></ruby> <ruby>在<rt>차이</rt></ruby> <ruby>对<rt>토이</rt></ruby> <ruby>不<rt>뿌</rt></ruby> <ruby>起<rt>찌</rt></ruby>
(정말 죄송합니다)

또 이 쪽에서 어떤 일을 부탁하거나 물건을 주문하거나 했을 때 상대편이 이를 들어줄 수 없는 경우 등에는 "송구스럽지만", "유감스럽다만" 이라는 뜻으로 이 "对不起"라는 대답이 나온다.

또한 우리 나라에서는 일상 회화 중에서 "죄송합니다" 라는 말을 간단하게 사용하지만 중국어의 "对不起" 는 그 사용 범위가 그렇게 넓지 않으며 정말 사과를 하는 경우 이외에는 별로 쓰이지 않는다.

특히 "용서해 주십시오" 라고 말하고 싶을 때에는,

<ruby>请<rt>칭</rt></ruby> <ruby>原<rt>유안</rt></ruby> <ruby>谅<rt>리안</rt></ruby>
(용서해 주십시요) 이라고 한다.

28. <ruby>对<rt>토이</rt></ruby> <ruby>不<rt>뿌</rt></ruby> <ruby>起<rt>찌</rt></ruby>
실례합니다만…

"실례합니다만…"도 역시 앞에 나온 "对不起"이다. 남에게 말을 걸 때, 남 앞을 지나갈 때 등에 쓴다. 또 길을 묻기 위하여 지나는 사람을 불러 세울 때 등의 "여보세요" 라는 의미로도 되는데, 그런 경우에는 "请问" "물어봅시다" 라든가 "同志"를 쓰는 것이 일반적이다. 같은 "여보세요" 라도 전화를 걸 때는 "喂" 라고 한다.

"对不起"는 또 남 앞에서 기침이나 재채기, 하품 등을 했을 때 "실례했습니다" 하는 뜻으로 쓸 수가 있다. 또 실수로 남의 발을 밟은 경우 등에도 마찬가지로 "对不起"라고 말한다. 이에 대하여 "괜찮습니다" 라고 대답하려면,

没 什 么
(별 일 아닙니다)

没 关 系
(아무 일 없습니다)

라고 한다. 또 혼잡한 버스나 전차 등에서 하차하는 경우 등에 앞사람에게 "对不起"라고 말하면 길을 비켜준다. "먼저 실례하겠습니다"는 "对不起, 我先走了" 가 된다.

29. 没 什 么
메이 셴 마

염려하지 마십시요

남한테서 "죄송합니다" 라든가 "실례했습니다" 라는
사과를 들었을 때 "염려하지 마십시요, 괜찮습니다" 하
는 뜻으로 쓴다. 이 밖의 표현으로서는,

没 关 系
메이 코안 시

(아무 것도 아닙니다)

不 要 紧
뿌 야오 친

(괜찮습니다.)

不 要 担心
뿌 야오 탄신

(마음 쓰지 마십시요)

등이 있다.

또 "천만에요" 하는 의미를 전하고 싶은   경우에는
" **不要客气** " 라든가 " **哪里, 哪里** "를 쓴다.
뿌야오 코찌 / 나리 나리

특히 염려해준 상대편에 대해서 "걱정 없습니다" 라
는 것을 강조하고 싶은 경우에는,

没 什 么, 请 放 心
메이 셴 마 칭 팡신

(걱정 없습니다, 염려하지 마십시요)

이라고 하면 상대편도 안심할 것이다.

30. 再见

안녕히 가십시요.

헤어질 때 일반적으로 쓰는 인사로서 "또 만납시다"라는 의미이다. "再见"을 두번 반복해서 "再见, 再见" 해도 된다.

우리 말에서는 흔히 "그럼"이라든가 "그럼, 또"라고 하는 경우가 있는데, 그런 경우에는,

回 头 再 见

(다음에 또 만납시다)

라고 한다. 이것을 생략하여 "回头见", 더 친숙한 경우에는 "回见" 이라고 할 때도 있다.

내일 다시 만나고 싶을 때에는,

明天 再见

(내일 다시 만납시다)

이 된다. 상대방과 친할 때에는 생략하여 "明天见"라고 할 수도 있다. 이처럼 일시를 정해서 다시 만납시다라고 하는 경우에는 "再见" 앞에 그 일시를 말하면 된다.

여행을 떠나는 사람에게는 "祝你健康" "아무쪼록 건강하게," "一路平安" "여행길이 평안하시길", "一帆风顺" "여행이 순조롭기를" 등으로 말한다.

31. <ruby>我<rt>우오</rt></ruby> <ruby>想<rt>시앙</rt></ruby> <ruby>麻烦<rt>마판</rt></ruby> <ruby>你<rt>니</rt></ruby> <ruby>好吗<rt>하오마</rt></ruby>？

부탁이 있습니다만.

어떤 일을 부탁할 때 쓰는 말이다. "好"(좋습니다)
라든가 "<ruby>当然可以<rt>탄라큐이</rt></ruby>"(해드리고말고요)라는   대답을
기대하고 일을 부탁하는 것이다. "…해주실 수 있겠습
니까?"라는 의미로,

<ruby>我<rt>우오</rt></ruby> <ruby>想<rt>시앙</rt></ruby> <ruby>拜托<rt>파이투오</rt></ruby> <ruby>您<rt>닌</rt></ruby> <ruby>好吗<rt>하오마</rt></ruby>？

를 쓰면 보다 공손한 부탁이 된다. 여기에서 "好吗?"
대신에 "<ruby>可以吗<rt>코이마</rt></ruby>?(되겠습니까?)도 흔히 쓰인다. 또
친숙한 분위기일 때는 그냥 "<ruby>麻烦你<rt>마판니</rt></ruby>"라고만 해도 된
다. 혹은 "<ruby>拜托你<rt>파이투오니</rt></ruby>"라고 하는 경우도 있다. 좀 도와
달라고 부탁하는 경우라면 "<ruby>请帮忙<rt>칭팡망</rt></ruby>"이라는 말을 쓰
면 된다.

32. 칭 찌에 케이 우오 请 借 给 我

빌려주십시요.

물건을 빌리는 경우에 쓰는 말이다.

칭 치에 케이 우오 치엔 삐
请 借 给 我 铅 笔

(연필을 빌려주십시요)

또 "빌려도 되겠습니까?" 라는 뜻일 때는,

코 이 치에 케이 우오 치엔 삐 용 이 시아 마
可 以 借 给 我 铅 笔 用 一 下 吗？

라고 말한다.

33. **您 来 了**
닌 라이 라

어서 오십시요.

"잘 오셨읍니다" 라는 뜻으로 손님을 맞이할 때 쓰
는데, 친숙한 분위기라면,

你 来 了 라고 한다. 또,
니 라이 라

我 来 帮 您 忙 好 吗？
우오 라이 빵 닌 망 하오 마

(도와드릴까요?)

는 호텔이나 상점 등 서비스업에서 흔히 듣게 되는 말
이다. 여기 대한 대답은,

不, 谢 谢 (됐습니다)
뿌 세 세

谢 谢, 麻 烦 你 (수고 좀 해주십시요)
세 세 마 판 니

不, 谢 谢, 我 自 己 来
뿌 세 세 우오 츠 치 라이

(괜찮습니다, 제가 하지요)

등이 있으며, 또 위의 보기 이외에 "어서 오십시요"라
는 뜻으로 간단하게 "你好"와 같은 인사 때 사용하는
말이 쓰이는 경우도 있다.

또한 "환영합니다" 라는 뜻을 특히 강조하기 위하여
" **欢迎, 欢迎** "도 자주 쓰인다.
호안 잉 호안 잉

34. 닌 야오 나코
您 要 哪个 ？

어떤 것으로 하시겠습니까?

쇼핑 때 흔히 듣게 되는 질문 가운데 하나이다. 많은 물건이 있는 경우에 " 추이 코 첸 마 양 这个怎么样 ？"(이건 어떻습니까?) 라는 질문 등을 받게 된다. 이럴 때 "이것으로 하지요" "야오 치오 코 要这个" 라고 하면서 손으로 집거나 "저것으로 하겠습니다" "야오 나 코 要那个" 라고 말하며 손으로 가리킨다. 상대편은,

시 치오 코 마
是这个吗 ？ (이것 말씀입니까?)

하고 되묻는다. 이에 대한 대답은 위의 보기 가운데 하나를 쓰면 된다. 보여주는 물건들 가운데 여러 개를 사고 싶을 경우에는,

리앙 코 토우 야오
两个 都要 (둘 다 주십시요)

산 코 토우 야오
三个 都要 (셋 다 주십시요)

라고 말하며, 전부 사고 싶을 경우에는,

추안 뿌 토우 야오
全部 都要 (전부 주십시요)

라고 한다.

35. 请 等 一 下

잠깐만 기다려 주십시요.

친한 사이에서는 "请等一下"라고만 할 때도 있다. 또 " 请等一等 "이라고 말할 때도 있다. 특히 성질이 급한 사람에 대해서는 " 请稍等一下. "를 쓴다. 너무 오랫동안 기다리게 하는 경우에는,

需要 等 多长 时间？

(얼마나 기다려야 됩니까?)

라고 묻도록 한다. 그러면 다음 말들을 들을 수 있다.

等一会儿 就来

(좀 더 걸립니다)

能 等 十分钟吗？

(10분쯤 기다려 주시겠습니까?)

能 再 等 五分钟吗？

(5 분만 더 기다려 주시겠습니까?)

36. 请 快点 吧

서둘러 주십시요.

급히 어떤 일을 해주기 바랄 때 쓰는 말이다. 친한 사이에서는 "请"을 생략해도 된다. 그 밖에 아래 보기와 같이 여러 가지 표현법이 있으므로, 그 중 어떤 것을 미리 종이에 써두었다가 그것을 가리키는 것도 한 방법이다.

快，快 (빨리, 빨리)

赶快，赶快 (빨리빨리 해주십시요)

여기에 "시간이 없습니다" 라는 뜻의 " 没有时间了 "를 덧붙이면 더욱 효과적이다.

37. 请 到 这边 来

이리로

방이라든가 매장이나 테이블 등 어떤 장소로 안내 받을 때 듣게 되는 말이다. 길을 안내할 때도 쓰인다.

또 "저를 따라와 주십시요" 하는 경우에는 " 请跟着我 " 라고 한다.

我 给 你 带 路 吧

(안내해 드리지요)

38. <ruby>先<rt>셴</rt></ruby> <ruby>请<rt>칭</rt></ruby>

먼저(하시지요)

다른 사람과 함께 방에 들어가거나 차 또는 엘리베이터를 탈 때 쓴다. 앞에 "**你**"를 붙이면 보다 공손한 표현이 된다.

<ruby>你<rt>니</rt></ruby> <ruby>先<rt>셴</rt></ruby> <ruby>请<rt>칭</rt></ruby>

(선생께서 먼저)

여기 대한 대답으로 "**谢谢**"(고맙습니다)라는 말을 하고 먼저 출입을 한다. "아니, 선생께서 먼저"라고 하고 싶으면 "**不, 你先请**"이라고 말한다.

그 밖에, 예컨대 버스를 타고 내릴 때에는,

<ruby>请<rt>칭</rt></ruby> <ruby>先<rt>셴</rt></ruby> <ruby>上<rt>시앙</rt></ruby> (먼저 타십시요)

<ruby>请<rt>칭</rt></ruby> <ruby>先<rt>셴</rt></ruby> <ruby>下<rt>시아</rt></ruby> (먼저 내리십시요)

라고 한다. "먼저"의 보기로는 "**请先走**"(먼저 가시지요), "**请先吃**"(먼저 드시지요), "**请先用**"(먼저 쓰십시요) 등으로 응용할 수 있다.

칭 쓰오

39.　请 坐

앉으시지요.

　자리를 권할 때 가장 흔히 쓰이는 말이다.　이 밖에
간단히 **"坐吧"** 라고 하거나 **"请坐, 请坐"** 라고 하는
경우도 있기는 하지만, 가장 일반적으로 쓰이는 것은
아무래도 이 **"请坐"** 이다.

삐에 코 찌

40.　別 客 气

편히 지내십시요.

　"사양 마시고" 라는 뜻으로 쓰는 말이다.　이 밖에
"別拘束" 라든가 **"请随便"** (좋으실 대로) 이 있다.
보다 격식을 갖춘 말로,

象 在 自己 家里 一样, 別 拘 束
（내집에 있는 것처럼 마음 편히 계십시요）

가 쓰일 때도 있다. 또한 **"別"** 대신에 **"不要"** 를 써도
된다.

41. 茶 还是 咖啡 呢 ？

차로 하시겠습니까?
커피로 하시겠습니까 ？

"**还是**"는 "또는" "혹은" 이라는 뜻으로 A 와   B 중
어느 쪽인가를 물을 때 쓴다. 용례로서는,

这个 还是 那个 ？

(이것입니까, 저것입니까?)

雨天 还是 晴天 ？

(비가 옵니까, 아니면 날씨가 좋습니까?)

美弗 还是 人民币 ？

(미불입니까,   인민원입니까?)

등을 들 수 있다.

42. 不, 谢谢
_{뿌, 세세}

아니오, 필요 없습니다.

남이 무엇을 권하거나 남한테서 도움을 받을 경우 등
에 일반적으로는 "谢谢" (고맙습니다) 하고 받아들
이는 경우가 많지만, 어쩔 수 없이 이를 거절해야 되
는 경우도 적지 않다. 이럴 때 쓰는 거절의 말이다.
"不"만을 간단하게 말할 수 있지만, 그 뒤에 꼭 "谢谢"
를 덧붙인다는 것을 잊지 않도록 해야 한다.

43. 一点儿
_{이 티아 루}

약간

"조금만 주십시오" 라고 할 때는 " 请给我一点儿 "
라고 말한다. 언어를 "조금" 안다든가 말할 수 있다는
경우의 "조금"은 " 一点点 " 이라고 한다.

你 会 说 中国话 吗?
(당신, 중국말을 할 줄 압니까?)

一 点 点
(조금 합니다)

这 只 不过 是 小意思, 请收下
(변변치 않은 것이지만 받아 주십시오)

44. 再 也 不 要 了

차이 예 뿌 야오 라

이제 더이상은 필요 없습니다.

"이제 됐습니다" 라는 뜻이다. 물건을 사거나 받았을 때 흔히 쓴다. 음식물의 경우에 "이제 됐습니다"라고 할 때에는 "够了" 라든가 "饱了" (이제 충분합니다)와 같이 말한다. "이제 충분하다" 라는 뜻을 나타내는 경우에는 "够了"를 거듭해서 "够了, 够了" 라고 하면 "이제 많이 먹었습니다" 라는 뜻이 된다. 또한 마실것 등을 조금 뒤에 들고 싶으면,

쿠오 이 후오루, 라이 뻬이 카 페이 빠

过 一 会 儿, 来 杯 咖啡 吧

(조금 뒤에 커피를 갖다 주십시요) 라고 말한다.

45. 怎 么 了?

첸 마 라

무슨 일입니까?

누가 괴로워하고 있는 것을 본 경우 등에 묻는 말이다. "무슨 일이 생겼는가?"라는 의미로는,

초 쓰 빵 치 쮸라 센 마 시

这 次 班 机 出 了 什 么 事?

(이 비행기편은 어떻게 된 겁니까?)

초 리앙 콩콩찌쪼 쮸라 센 마 마오뼁

这 辆 公共汽车 出 了 什 么 毛病?

(이 버스는 어떻게 된 겁니까?) 등으로 말한다.

数 字

0	零	린	12	十二	시 아르
1	一	이	13	十三	시산
2	二	아르	14	十四	시스
3	三	산	15	十五	시우
4	四	스	20	二十	아르 시
5	五	우	21	二十一	아르 시이
6	六	리우	30	三十	산시
7	七	찌	40	四十	스시
8	八	바	50	五十	우시
9	九	치우	100	一百	이 바이
10	十	시	1,000	一千	이첸
11	十一	시이	10,000	一万	이완

B. 基礎會話

차이 찌 네이
1. 在机内

츄이 코 싱 리 황 차이 나 루　하오 나
1) A : 这个行李放在哪儿　好呢？

슈 테 파오 삐에 황 차이 싱 리 치아 샹. 칭 황 차이 쓰오 웨이 시아.
2) B : 手提包别放在行李架上，请放在座位下。

쯔 양　코 이 마
3) A : 这样可以吗？

코 이
4) B : 可以。

칭 케이 우오 셴 마 호 타
5) A : 请给我什么喝的。

요우 훙 짜.　카 훼이,　하이 요우 쫑 쿠오 짜.　니 야오 슌 마 나
6) B : 有红茶、咖啡，还有中国茶。你要什么呢？

라이 뻬이 카 훼이 빠.
7) A : 来杯咖啡吧。

야오 뿌 야오 찌아 니우 나이 호 바이 탕
8) B : 要不要加牛奶和白糖？

뿌 야오 찌아 탕, 찌 야오 찌아 니우 나이
9) A : 不要加糖，只要加牛奶。

쫑 쿠오 짜 쳰 마 양
10) B : 中国茶怎么样？

쿠오 이 호 루 라이 이 뻬이 빠
11) A : 过一会儿来一杯吧。

하오
12) B : 好。

셴 마 시 호우 능 타오 뻬이 칭
13) A : 什么时候能到北京？

1. 비행기 안에서

1. A : 이 짐은 어디 둘까요?

2. B : 가방은 선반 위가 아니라 좌석 밑에 두십시요.

3. A : 이렇게 두면 됩니까?

4. B : 됐습니다.

5. A : 마실 것을 좀 갖다주십시요.

6. B : 홍차와 커피, 중국차가 있습니다.
무엇으로 드시겠습니까?

7. A : 그럼 커피를 갖다주십시요.

8. B : 밀크와 설탕은 어떻게 할까요?

9. A : 설탕은 타지 말고, 밀크만 넣어주십시요.

10. B : 중국차는 안 드시겠습니까?

11. A : 다음에 들지요.

12. B : 알겠습니다.

13. A : 북경에는 몇 시에 도착합니까?

64

14) B : 当地时间下午５点５０分。

15) A : 那么，现在是几点呢？

16) B : 北京时间是下午４点１５分。

17) A : 那还有一些时间。

18) B : 请你休息一会吧。

19) A : 能不能给我毛毯和枕头？

20) B : 都在行李架上。我给你拿吧。

21) A : 我有点想吐〔晕机〕。

22) B : 清洁袋就在座位的前面。

23) A : 好，请给我一杯水吧。

24) B : 马上就给你拿来。

25) A : 现在在什么地方？

26) B : 正好在泰山上空。

14. B : 현지 시간으로 오후 5시 50분입니다.

15. A : 그런데 지금 몇 시나 됐읍니까?

16. B : 북경 시간으로 오후 4시 15분입니다.

17. A : 그럼, 시간이 아직 좀 남았군요.

18. B : 한숨 주무시지요.

19. A : 담요와 베개를 얻을 수 있을까요?

20. B : 예, 선반 위에 있읍니다. 내려드리지요.

21. A : 토할 것 같은데요.

22. B : 주머니는 좌석 앞에 있읍니다.

23. A : 알았읍니다. 물 한 잔만 주십시요.

24. B : 곧 갖다드리겠읍니다.

25. A : 지금 어디쯤을 날고 있읍니까?

26. B : 지금 막 태산 위를 통과하고 있읍니다.

27) A：北京的天气怎么样？

28) B：很好〔很晴朗〕。

29) A：温度呢？

30) B：摄氏25度左右。（25＝二十五）

31) B：请给我一张入境登记卡。

32) A：好，给你行李申报单和入境卡片。

33) A：请问，这儿怎么填写呢？

34) B：请注意填写。别写错了。

35) A：可以用韩文吗？

36) B：可以。

37) B：写完了吗？

38) A：写完了，谢谢你。

39) B：不谢，啊！　北京到了，祝你旅行愉快！

40) A：谢谢，再见。祝你工作顺利！

27. A : 북경의 날씨는 어떻습니까?

28. B : 아주 좋습니다.

29. A : 온도는 어느 정도입니까?

30. B : 섭씨 25°입니다.

31. B : 중국 입국 카드를 주십시요.

32. A : 예, 휴대품 신고서와 입국 카드입니다.

33. A : 이것 쓰는 방법을 알려 주시겠습니까?

34. B : 잘 살펴보고 써 주십시요. 잘못 쓰지 않도록.

35. A : 한국어로 기입해도 됩니까?

36. B : 상관 없습니다.

37. B : 다 쓰셨습니까?

38. A : 다 됐습니다. 고맙습니다.

39. B : 천만에요. 자 북경에 다 왔읍니다. 부디 즐거운
여행이 되시길 바랍니다.

40. A : 고맙습니다. 안녕히 계십시요. 당신 일도 잘
되기를 바랍니다.

좌석번호
스오 웨이 하오
座位号
안전벨트착용
지 하오 안 쭈안 다이
系好安全带
선반
싱 리 차
行李架
금연
징이엔
禁烟
系好安全带
禁 烟
공기조절
퉁 펑 찌
通风器
위생대
칭 지에 다이
清洁袋
안전벨트
안 쭈안 다이
安全带
승무원 호출
후 차오 링
呼叫铃
라이트
유에 두 동
阅读灯
채널
삥 나오
频道
볼륨
티아오 지에 인 시앙
调节音响
이어폰
아르 지 콩
耳机孔

●비행기 내에서

• 음료수를 드릴까요?
닌 시앙 호 센마 인 랴오
你 想 喝 什 么 饮 料 ？

• 차를 주십시요.
칭 게이 우오 이 베이 짜
请 给 我 一 杯 茶。

• 찬 것으로 주십시요.
칭 게이 우오 이 베이 룡 따
请 给 我 一 杯 冷 的。

• 한 잔 더 주십시요.
짜이 게이 우오 이 베이
再 给 我 一 杯。

• 필요하지 않습니다.
센마 이에 부 야오
什 么 也 不 要。

• 커피
카페이
咖 啡

• 홍차
홍짜
红 茶

• 녹차
绿 茶

• 자스민차
茉 莉 花 茶

• 용정차
룽징차
龙 井 茶

• 오렌지쥬스
츄이 쓰 슈이
桔 子 水

찌엔이, 루찌우, 하이 코안

2. 检疫、入境、海关

칭 케이 우오 칸 이 칸 니 타 유이 황 쭈 쇼 타 쫑 첸
1) A：请给我看一看你的预防注射的证件。

쪼 치우 시, 칭 칸 파
2) B：这就是，请看吧。

하오 라, 칭 타오 후 차오 슌 짜 쭈 쭈이 빠
3) A：好了，请到护照审查处去吧。

칭 케이 우오 칸 칸 니 타 후 차오 호루 찡 통 찌 카
4) C：请给我看看你的护照和入境登记卡。

칭 칸
5) B：请看。

시 샹 우, 하이 시 싼 콴 황 웬 투안
6) C：是商务，还是参观访问团？

시 싼 콴 황 웬 투안 타 (시 샹 우 황 웬 투안 타)
7) B：是参观访问团的。（是商务访问团的）

케이 우오 칸 칸 밍 탄
8) C：给我看看名单。

쪼 쭈우 시 투안 티 밍 탄
9) B：这就是团的名单。

니 차이 쪼 루 타이 〔투우 리우〕 투오 짱 시 쩬 〔투오 찌우〕
10) C：你在这儿待〔逗留〕多长时间〔多久〕？

시 스 티엔
11) B：14天。

황 웬 나 시에 쫑 시 나
12) C：访问哪些城市呢？

뻬이 칭, 난 칭 호 샹 하이, 쓰이 호우 쏭 샹 하이 쭈 찡
13) B：北京、南京和上海，最后从上海出境。

2. 검역, 입국수속, 세관

1. A : 예방접종증명서를 보여주십시요.

2. B : 여기 있습니다.

3. A : 좋습니다. 여권 검사하는 쪽으로 가십시요.

4. C : 여권과 입국카드를 보여주십시요.

5. B : 자, 보십시요.

6. C : 상용입니까, 관광단입니까 ?

7. B : 관광단입니다.　　(상용입니다)

8. C : 명부를 보여주십시요.

9. B : 이것이 단의 명단입니다.

10. C : 얼마 동안 이 나라에 머무르실 겁니까 ?

11. B : 14일간입니다.

12. C : 방문 도시는 어디입니까 ?

13. B : 북경, 남경, 상해입니다. 상해에서 출국합니다.

14) C : 시 나 코 탄 웨이 짜오 타이 타
是哪个单位招待的？

15) B : 뻬이 칭 타 쫑 쿠오 쿠오 찌 류이 싱 쇼
北京的中国国际旅行社。

16) C : 니 시 티 이 쓰 라이 타 마
你是第一次来的吗？

17) B : 시 타
是的。

18) C : 쪼 루 타 쑈우 슈이 토우 빵 반 라, 칭 타오 하이 코안 쭈이 빠
这儿的手续都办完了，请到海关去吧。

19) D : 칭 바이 차이 쪼 루
请排在这儿。

20) B : 하오
好。

21) D : 케이 우오 칸 칸 루 칭 싱 리 슌 파오 탄
给我看看入境行李申报单。

22) B : 시 쪼 짱 빠
是这张吧。

23) D : 이 치아 차오 시앙 찌 호 이 코 쇼우 퍄오, 니 타이 메이 타이 루 인 치
一架照相机和一个手表，你带没带录音机？

24) B : 타이 이 치아 안 호 시 시아 타이 루 인 치
带一架暗盒式狭带录音机。

25) D : 이에 빠 타 세 차이 슌 파오 탄 타 샹 란   치 타 메이 요우 라 빠
也把它写在申报单的上栏，其他没有了吧？

26) B : 메이 요우 라, 야오 뿌 야오 타 카이 싱 리
没有了，要不要打开行李？

27) D : 뿌 용 타 카이
不用打开。

14. C : 초빙기관은 어디입니까?

15. B : 북경의 중국 국제여행사입니다.

16. C : 이 나라에는 처음 오신 겁니까?

17. B : 그렇습니다.

18. C : 여기 수속은 다 끝났으니, 세관으로 가주세요.

19. D : 여기 와 줄을 서주십시요.

20. B : 예.

21. D : 소지품 신고서를 보여주십시요.

22. B : 이것 말씀이지요.

23. D : 카메라 1대, 팔목시계 1개군요. 테이프 레코
더를 갖고 있나요?

24. B : 카세트 식의 것을 1대 갖고 있습니다만.

25. D : 그것도 이 난에 적어 주세요. 그 외 신고할
것은 없습니까?

26. B : 없습니다. 짐을 풀어볼까요.

27. D : 풀지 않아도 됩니다.

28) D： 外币只带5阡块美弗吗？

29) B： 对。

30) D： 带不带旅行支票？

31) B： 我带1阡块美弗的旅行支票。

32) D： 这些也算外币，请如数地写在单上吧。

33) B： 这张申报单还要不要？

34) D： 请保存到出境时为止。

35) B： 为什么？

36) D： 如果没有它，在逗留期间就没法换人民币。

37) B： 明白了。

28. D : 휴대 외화는 5천불뿐입니까?

29. B : 그렇습니다.

30. D : 여행자수표는 없읍니까?

31. B : 여행자수표를 1천불 정도 갖고 있습니다.

32. D : 그것도 중국에서는 외화에 해당하니까 정확
       하게 신고해 주십시요.

33. B : 이 신고서는 이제 필요하지 않습니까?

34. D : 귀국하실 때까지 보관하고 계십시요.

35. B : 무엇 때문이지요?

36. D : 이것이 없으면 체재 중 인민원으로 환전을
       할 수 없습니다.

37. B : 알았습니다.

●입국

• 여행목적은?
류이 싱 무우 다
旅行目的？

• 관광(상용, 초대)으로 왔습니다.
시 관광(샹우, 챠오 칭)
是观光（商务， 招请）。

• 단체입니까? 개인입니까?
시 투안 티 하이 시 고 렌
是团体还是个人？

• 단체로 왔습니다.
시 투안 티
是团体。

• 초대기관은?
시 나 고 챠오 타이 치 관
是哪个招待机关？

• 중국 국제여행사 초청입니다.
시 통 구오 총 구오 구오 치 류이 싱 시오
是通过中国国际旅行社。

• 방문도시는?
두 다오 나 시에 총시
都到哪些城市？

• 북경, 상해, 광주입니다.
다오 베이 칭, 샹하이, 광조우
到北京， 上海， 广州。

• 체류일수는?
두 류 치 티엔
逗留几天？

• 12일간 입니다.
공 시아르 티엔
共１２天。

• 즐거운 여행이 되길.
츄 닌 류이 싱 슌리
祝您旅行顺利。

• 감사합니다.
세 세
谢谢。

검역	입국심사	탁송화물	세관
检疫	入境审查	行李领取处	海关

충 찌 짱 타오 판 티엔
３．从机场到饭店

쏘우 쮜 하이 코안
走出海关

칭 웬,　닌 시 뿌 시　한 쯍 요우 하오 찬 코안 팡 웬 투안 타 김
1) A : 请问，您是不是韓中友好参观访问团的 金

셴 송
先生？

시 타　케이 닌 찌에 샤오 이 시아, 쪼 웨이 시 박 투안 짱
2) B : 是的。给您介绍一下，这位是朴团长。

호안 잉 닌,　우오 싱 봥　시 쯍 쿠오 쿠오 치 류이 싱 쇼 타.
3) A : 欢迎您，我姓王，是中国国际旅行社的。

로 리에 호안 잉 코 웨아 타 라이 황
热烈欢迎各位的来访。

셰 셰 닌 토 이 라이 치에 우오 멘,　친 호우 칭 투오 투오 코안 짜오
4) B : 谢谢您特意来接我们，今后请多多关照。

랑 우오 케이 코 웨이 치에 샤오 이 시아, 쪼 웨이 시 류이 싱 쇼 타 후 쏘
5) A : 让我给各位介绍一下，这位是旅行社的负责

렌　리 셴 송.
人，李先生。

우오 싱 리.　쭈 쓰 첸 미엔,　호안 잉 니 멘 타오 쯍 쿠오 라이 황
6) C : 我姓李，初次见面，欢迎你们到中国来访。

우오 멘 타이 타 싱 리 이 콩 요우　아르 산 시 코, 첸 마 판 하오 나
7) B : 我们带的行李一共有２３个，怎么办好呢？

쪼 시에 싱 리 요우 우오 멘 후 쏘 케이 니 멘 판　칭 황 신
8) C : 这些行李由我们负责给你们办，请放心。

3. 공항에서 호텔로

●세관에서 나온 뒤

1. A : 실례입니다마는 한·중 우호참관단의 김선생
   이십니까?

2. B : 예, 그렇습니다. 소개하겠습니다. 이 분이
   박단장이십니다.

3. A : 잘 오셨읍니다. 저는 중국 국제여행사의 왕
   이라고 합니다. 방문을 진심으로 환영합니다.

4. B : 바쁘신데 이렇게 마중을 나와 주셔서 고맙
   습니다. 아무쪼록 잘 부탁드립니다.

5. A : 소개하겠습니다. 이쪽은 여행책임자인 이선생
   입니다.

6. C : 이입니다. 처음 뵙겠습니다. 잘 오셨습니다.

7. B : 짐은 23개가 있는데, 어떻게 하면 좋을까요?

8. C : 짐은 제가 다 챙길테니 염려 마십시요.

○ 질문할 때

• 무엇？
셴 마
什 么 ？

• 그것은 무엇입니까？
나 시 셴 마
那 是 什 么 ？

• 누구？
셰이
谁 ？

• 저 사람은 누구입니까？
나 고렌 시 셰이
那 个 人 是 谁 ？

• 어디？
나 리
哪 里 ？

• 역은 어디 있습니까？
쯔 짠 차이 나 리
车 站 在 哪 里 ？

• 언제？
셴 마 시 호우
什 么 时 候 ？

• 언제 출발합니까？
셴 마 시 호우 쭈 화
什 么 时 候 出 发 ？

• 왜？
웨이 셴 마
为 什 么 ？

• 당신은 왜 가지 않습니까？
니 웨이 셴 마 부 츄이
你 为 什 么 不 去 ？

• 어떻게
셴 마 얀
怎 么 样 ？

• 어떻게 하면 됩니까？
셴 마 얀 쓰오 하오 나
怎 么 样 做 好 呢 ？

• 얼마？
두오 샤오
多 少 ？

• 이것은 얼마입니까？
쵸 고 두오 샤오 찌엔
这 个 多 少 钱 ？

• 당신은 한국인입니까?
니 시 한 꾸오 렌 마
你 是 韓国 人 吗？

• 예, 한국인입니다.
시 한 꾸오 렌
是 韓国 人 。

• 아니오, 미국인입니다.
푸시, 시 메이 구오 렌
不 是 ， 是 美国 人 。

• 돈 갖고 계십니까？？
요우 찌엔 마　（요우 메이 요유 찌엔）
有 钱 吗？（有 没 有 钱？）

• 예, 갖고 있습니다.
요우 （찌엔）
有 （钱）。

• 아니오, 갖고 있지 않습니다.
메이 요우 （찌엔）
没 有 （钱）。

• 이것 좋습니까?
쵸 고 하오 마　（쵸 고 하오 부 하오）
这 个 好 吗？（这 个 好 不 好？）

• 예, 좋습니다.
하오
好 。

• 아니오, 좋지 않습니다.
부 하오
不 好 。

• 차 드시겠습니까?
야오 차 마　（야오 푸 야오 차）
要 茶 吗？（要 不 要 茶？）

• 예, 들겠습니다.
야오
要 。

• 아니오, 들지 않겠습니다.
부 야오
不 要 。

싸이 찌 쪼 리

在汽车里

칭 타 찌아 소이 삐엔 쓰오 빠, 이 루 샹 첸 마 양
1) A : 请大家随便坐吧，一路上怎么样？

헨 슈 뿌
2) B : 很舒服。

나 타이 하오 라
3) A : 那太好了。

친 티엔 완 샹 우오 멘 쭈 싸이 나 코 판 티엔
4) B : 今天晚上我们住在哪个饭店？

이 찡 케이 니 멘 쭌 페이 하오 라 뻬이 칭 판 티엔 타 신 로우
5) A : 已经给你们准备好了北京饭店的新楼。

나 타이 롱 싱 라
6) B : 那太荣幸了！

센 송, 니 시 셴 마 티 황 타
7) A : 先生，你是什么地方的？

셔울 닌 나
8) B : Seoul 您呢？

우오 티앙 수 렌
9) A : 我江苏人。

칭 웬 니 친 니엔 투오 타 수이 슈 라
10) B : 请问，你今年多大岁数了？

우오 이 칭 산 시 우 라
11) A : 我已经 ３ ５ 了。

니 차이 쿠오 치 류이 싱 쇼 콩 쓰오 투오 티우 라.
12) B : 你在国际旅行社工作多久了？

요우 시 니엔 라
13) A : 有 １ ０ 年了。

●버스 안에서

1. A : 편히 앉으십시요. 오시는 길은 어땠습니까?

2. B : 아주 편했습니다.

3. A : 그것 참 다행이군요.

4. B : 오늘 묵을 호텔은 어디입니까?

5. A : 북경반점의 신관에 준비를 했습니다.

6. B : 큰 영광입니다.

7. A : 선생은 어디 출신이십니까?

8. B : 서울입니다. 당신은?

9. A : 강소성 출신입니다.

10. B : 실례입니다만 몇 살이나 되셨습니까?

11. A : 35세입니다.

12. B : 국제여행사에 근무하신 햇수는 몇 년입니까?

13. A : 10년입니다.

4．在饭店

在 大 厅

1) A：我的房间号码是多少？

2) B：你的房间是５楼的５０２６号。

3) A：钥匙在哪儿？

4) B：５楼的服务台。

5) A：行李呢？

6) B：饭店的服务员送到你的房间去。

7) A：电梯在哪儿？

8) B：在大厅的左边，给你带路吧。

9) A：日程在什么时候安排呢？

10) B：过一会儿到你房间去商量吧。

11) A：好。

4. 호텔에서

●로비에서

1. A : 제 방번호는 몇 번입니까?

2. B : 방은 5층의 5026호실입니다.

3. A : 열쇠는 어디서 받지요?

4. B : 5층 프론트에 있습니다.

5. A : 짐은 어디 있습니까?

6. B : 호텔의 보이가 방으로 가져다드릴 겁니다.

7. A : 엘리베이터는 어디 있습니까?

8. B : 로비의 왼쪽에 있읍니다. 안내해 드리지요.

9. A : 일정은 언제 짜지요?

10. B : 후에 방으로 찾아뵙지요.

11. A : 좋습니다.

싸이 팡 첸

在 房 间

니 칭,　　쪼 치우 시 우 링 알 리우 하오 팡 첸,　　칭 친
1) A : 你请，这就是５０２６号房间，请进。

아.　쪼 타이 안 칭　타이 슈 짱 라
2) B : 啊！这太安静、太舒畅了。

쪼 코 팡　첸 시 짜오 따 쩨 타
3) A : 这个房间是朝大街的。

쭈앙 봐이 타 칭 찌 이에 뿌 쏘.　차오 셴　마 팡 시앙 나
4) B : 窗外的景致也不错，朝什么方向呢？

쫑 미엔 짜오 난, 요우 삐엔 짜오 시
5) A : 正面朝南，右边朝西。

티엔 안 멘 코앙 창 짜이 나 루
6) B : 天安门广场在哪儿？

요우 삐엔
7) A : 右边。

(짜오 멘)　　싱 리 송 라이 라
8) C : （敲门）　行李送来了。

세 세 니,　하이 요우 이 코 쇼우 티 파오
9) B : 谢谢你，还有一个手提包。

마 샹 케이 니 나 라이
10) C : 马上给你拿来。

쪼 코 메이 코아 싱 리 빠이 타 시 뿌 시 니 타
11) C : 这个没挂行李牌的是不是你的？

시 우 오 타,　　세 세 니.　타이 마 판 니 라
12) B : 是我的，谢谢你，太麻烦你了。

●방에서

1.A : 이쪽으로, 5026호실입니다. 들어가시지요.

2.B : 아, 조용하고 아늑한 방이군요.

3.A : 큰길에 면한 쪽입니다.

4.B : 경치도 좋군요. 방향은 어떻게 되어 있나요?

5.A : 정면이 남쪽, 오른쪽이 서쪽입니다.

6.B : 천안문 광장은 어느 쪽입니까?

7.A : 오른쪽 방향입니다.

8.C : (노크) 짐을 가져왔습니다.

9.B : 고맙습니다. 보스톤 백이 하나 더 있는데요.

10.C : 곧 가져오겠습니다.

11.C : 짐표가 붙어 있지 않은데 이 백입니까?

12.B : 제 것입니다. 고맙습니다. 수고했습니다.

13) A : 这是洗澡间，那是衣柜。

14) B : 请问，电话怎么打呢？

15) A : 总机就拨４１９９号，外线的话，先拨"０"
然后拨对方的电话号码。

16) B : 我觉得嗓子渴了，有没有水？

17) A : 水壶里的是冷开水。要喝茶的话，茶叶已经
放在茶杯里了，请随便用吧。

18) B : 自来水能不能喝？

19) A : 不能喝，请喝冷开水吧。

20) B : 劳驾，能不能告诉我怎样使用澡盆？

21) A : 可以，就这样。

22) B : 谢谢，晚饭在哪儿吃呢？

23) A : 在一楼的大餐厅。

24) B : 好。

13. A : 여기가 욕실, 저쪽이 옷장입니다.

14. B : 전화 걸려면 어떻게 해야 합니까 ?

15. A : 교환대는 4199번입니다.   외선은 먼저 "0"을 돌린 후 다이얼을 돌리십시요.

16. B : 목이 마른데, 물이 없을까요 ?

17. A : 물주전자 안에 끓인 물이 있습니다. 찻잎 이 그릇 속에 있으니 마음대로 쓰십시요.

18. B : 수도물을 마실 수 있습니까 ?

19. A : 마실 수 없습니다. 끓여 놓은 물을 드세요.

20. B : 미안하지만, 욕실 사용법을 가르쳐 주세요.

21. A : 예, 이렇게 쓰시면 됩니다.

22. B : 고맙습니다. 저녁 식사는 어디서 들지요 ?

23. A : 1층의 대식당에서입니다.

24. B : 알았습니다.

• 복무원을 보내 주십시오.
칭 차오 이 고 후 우 우안 라이
请 叫 一 个 服 务 员 来 。

• 한방에 같이 있는 사람이 열쇠를 갖고 돌아오지 않았습니다.
통 우 따 렌 바 야오 시 다이 초우 라
同 屋 的 人 把 钥 匙 带 走 了 。

• 열쇠가 없습니다.
메이 요우 야오 시
没 有 钥 匙 。

• 열쇠가 잠귀지 않습니다.
스오 부 샹
锁 不 上 。

• 열쇠를 분실했습니다.
디우 라 야오 시
丢 了 钥 匙 。

• 열쇠를 방안에 두고 문을 닫았습니다.
우오 바 야오 시 왕 차이 황 치엔 리 바 멘 스오 샹 라
我 把 钥 匙 忘 在 房 间 里 把 门 锁 上 了 。

• 짐이 아직 도착하지 않았습니다.
우오 따 싱 리 하이 메이 라이
我 的 行 李 还 没 来 。

• 이것은 내 짐이 아닙니다.
초 부 시 우오 따 싱 리
这 不 是 我 的 行 李 。

• 짐이 1개 모자랍니다.
하이 쭈에 이 고
还 缺 一 个 。

• 물이 잠귀지 않는다.
로오 슈이 고안 화이 라　치부 쭈 타 슈이
热水管坏了，止不住的流。

• 물이 나오지 않는다.
시 싸오 부 쭈 로오 슈이
洗澡不出热水。

• 비누(타올, 휴지)가 없습니다.
메이 요우 페이 싸오(마오 친, 쇼우치)
没有肥皂（毛巾，手纸）。

• 변기가 막힌다. • 변기에 물이 안 나옵니다.
쓰오 스오 두 츄라　　쓰오 스오 부 추 슈이
厕所堵住了。厕所不出水。

• 냉방(온방)이 되지 않는다(너무 세다).
동 찌 시오 베이(누안 찌 시오 베이)　　부 찌 쓰도 롱(구오 위 찌앙)
冷气设备（暖气设备）不起作用（过于强）。

• 불이 들어오지 않는다.
동 부 찌앙
灯不亮。

• 창문이 열리지 않는다(닫히지 않는다).
쮸앙 후 다 부 카이(고아 부 상)
窗户打不开（关不上）。

• 방을 바꾸고 싶다.
우오 시앙 호안 이 시아 황 치엔
我想换一下房间。

싸이 후 우 타이
在服务台

라오 치아, 농 뿌 농 카오 수 우오 쩨이 코 판 티엔 타 이 시에 칭 코앙
1) A : 劳驾，能不能告诉我这个饭店的一些情况？

코 이
2) B : 可以。

팡 첸 시 투오 샤오
3) A : 房钱是多少？

신 로우 타 이 코 팡 첸 이 티엔 우 시 콰이, 치우 로우 타 유에 아르 시 콰이
4) B : 新楼的一个房间一天５０块，旧楼的约２０块。

찌 시 팡 첸 마
5) A : 只是房钱吗？

토이, 뿌 파오 쿠오 후오 시 훼이
6) B : 对，不包括伙食费

요유 메이 요우 슈이 친 호 후 우 훼이
7) A : 有没有税金和服务费？

메이 요우 쪼 씨에 훼이 용
8) B : 没有这些费用。

뽠 판 쏭 치 티엔 카이 시
9) A : 晚饭从几点开始？

찌 티엔 카이 판, 타오 파 티엔 마
10) B : ７点开饭，到８点半。

판 티엔 리 농 호안 첸 마
11) A : 饭店里能换钱吗？

농 호안 첸
12) B : 能换钱。

짜이 센 마 티 팡 나
13) A : 在什么地方呢？

치우 짜이 따 팅 쓰오 비엔 코아 쪼 토이 호안 쭈 타 티 팡
14) B : 就在大厅左边挂着"兑换处"的地方。

●서비스 스테이션에서

1. A : 참고로 이 호텔에 관해 알고 싶은데요.

2. B : 예.

3. A : 숙박비는 얼마입니까?

4. B : 신관은 1박 50원, 본관은 약 20원입니다.

5. A : 방값만이지요?

6. B : 예, 식사대는 들어 있지 않습니다.

7. A : 세금과 서비스 요금은 없습니까?

8. B : 그런 것은 없습니다.

9. A : 저녁 식사는 몇 시부터입니까?

10. B : 7시부터 되는데, 8시 반까지입니다.

11. A : 호텔에서 환전을 할 수 있습니까?

12. B : 할 수 있습니다.

13. A : 어디로 가면 되지요?

14. B : 로비 왼쪽의 "태환소"라는 곳입니다.

요우 바오 짜이 셴 마 디 팡 마이
15) A : 邮票在什么地方买？

또이 호안 쭈 타 또이 미엔 요우 이 꺼 요우 쭈이
16) B : 兑换处的对面 有一个邮局。

티엔 빠오 이에 커 이 짜이 나 루 따 마
17) A : 电报也可以在那儿打吗？

커 이
18) B : 可以。

메이 티엔 또우 꽁 쓰오 마
19) A : 每天都工作吗？

싱 찌 저우 시아 우 호 싱 찌 리 시우 시
20) B : 星期六下午和星期日休息。

쭈 쭈 치 쪼 예 커 이 짜이 후 우 타이 짜오 마
21) A : 出租汽车也可以在服务台叫鸣？

쯔 루 커 이 케이 니 짜오
22) B : 这儿 可以给你叫。

쓰이 호우 짜이 웬 이 꺼 커 이 마
23) A : 最后再问一个可以吗？

칭
24) B : 请。

후 쌍　치에 창]　시 치엔 시 치 티엔
25) A : 付帐〔结帐〕时间是几点？

메이 티엔 시아 우 량 티엔. 하이 요우 비에 타 나
26) B : 每天下午两点。 还有别的吗？

메이 요우 라.　세 세 니
27) A : 没有了，谢谢你。

15. A : 우표는 어디에서 살 수 있습니까?

16. B : 환전소 앞에 우체국이 있습니다.

17. A : 전보도 거기서 칠 수 있습니까?

18. B : 할 수 있습니다.

19. A : 매일 업무를 봅니까?

20. B : 토요일 오후와 일요일은 휴무입니다.

21. A : 택시는 서비스 스테이션에 부탁할 수 있나요?

22. B : 할 수 있습니다.

23. A : 끝으로 한 가지 묻고 싶은데요.

24. B : 물어보십시오.

25. A : 체크 아웃은 몇 시지요?

26. B : 2시입니다. 또 물어보실 게 있습니까?

27. A : 없읍니다. 여러 가지로 고마웠습니다.

●호텔

프론트(각층스테이션)	안내
후 우 따이	웬 순 쭈
服务台	问讯处
식당	택시연락소
쌈 팅(시탄)	쭈 츄 찌 쪼
夕厅(食堂)	出租汽车
환전소	매점
튀 호안 쭈, 인 항	샤오 마이 부
兑换处，银行	小卖部
우편 취급소	외국인 선물상점
요유 디엔 후 우 쭈	요우 이 샹 티엔
邮电服务处	友谊商店
회계	이발부
쮀 창 쭈, 창 우 쭈	리 화 부
结账处，账务处	理发部
로비	엘리베이터
코 팅	디엔 티
客厅	电梯
화장실	비상구
고안 세 시	타이 삥 멘
盥洗室	太平门

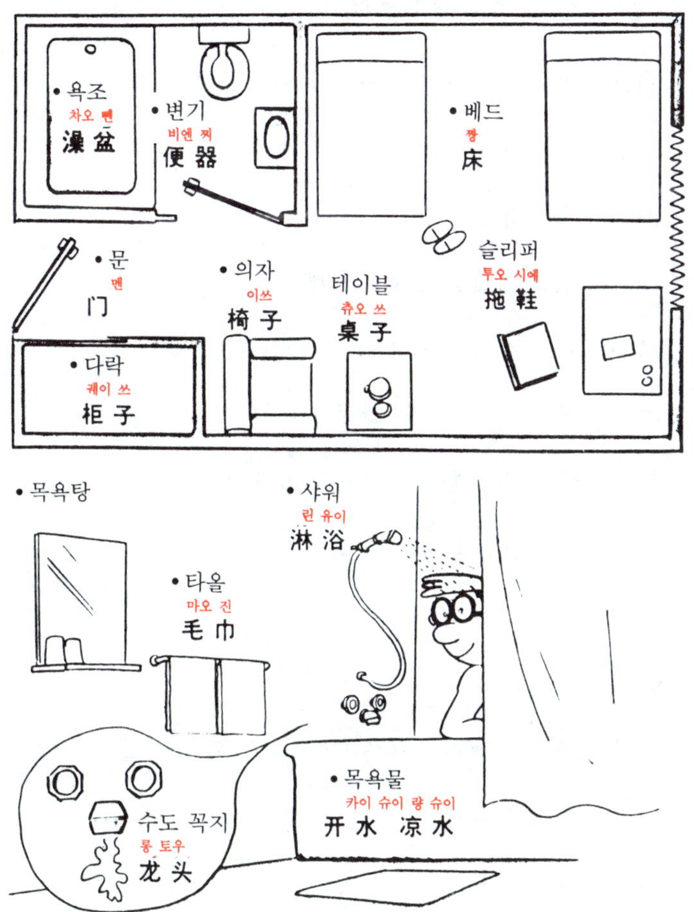

• 욕조
차오 펜
澡盆
• 변기
비엔 찌
便器
• 베드
쌍
床
• 슬리퍼
투오 시에
拖鞋
• 문
멘
门
• 의자
이쓰
椅子
테이블
츄오 쓰
桌子
• 다락
꿰이 쓰
柜子
• 목욕탕
• 샤워
린 유이
淋浴
• 타올
마오 진
毛巾
• 목욕물
카이 슈이 량 슈이
开水 凉水
수도 꼭지
룽 토우
龙头

짜이 판 티엔 타 싼 팅

在饭店的餐厅

우오 멘 시 쓰오 티엔 반 샹 타오 타 한 쿠오 요우 하오 팡 호아 투안
1) A：我们是昨天晚上到的 韓国友好访华团。

니 멘 짜오　요우 치 웨이
2) B：你们早╱有几位？

이 콩 시 아르 시 밍，　요우 메이 요우 웨이 쓰
3) A：一共是２０名，有没有位子？

요우，　칭 타오 쯔 짱 쭈오 스 라이 파
4) B：有，请到这张桌子来吧。

하오, 요우 산 밍 야오 반 라이 이 훠 루
5) A：好，有３名要晚来一会儿。

메이 코안 시　　니 멘 야오 통 타 멘 마
6) B：没关系，你们要等他们吗？

뿌，　우오 멘 셴 찌．　칭 파 짜이 탄 나 라이 칸 이 칸
7) A：不，我们先吃。请把菜单拿来看一看。

야오 코 판　　〔팅 시〕　하이 시 티엔 짜이
8) B：要客饭〔定食〕还是点菜？

치우 라이 코 코오 판 바
9) A：就来个客饭吧。

하오 타, 우오 마 샹 치우 케이 니 멘 투안 라이
10) B：好的，我马上就给你们端来。

싸이 라이 코 시 판　（만 토우）（샤오 마이）　파
11) A：再来个稀饭（馒头）（烧麦）吧。

웨이 타오 쳰 마 양
12) B：味道怎么样？

헨 하오，　셰 셰
13) A：很好，谢谢。

●식당에서

1. A : 어제밤 도착한 한국의 우호 방문단입니다.

2. B : 안녕히 주무셨습니까. 몇 분이시지요?

3. A : 모두 20명입니다. 좌석은 있습니까?

4. B : 예, 이쪽 테이블로 오시지요.

5. A : 예, 3명은 좀 늦게 올 겁니다.

6. B : 괜찮습니다. 기다리시겠습니까?

7. A : 아니, 먼저 먹겠어요. 메뉴를 보여 주십시요.

8. B : 정식과 일품요리 중 어느 걸로 하시겠어요?

9. A : 정식으로 주십시요.

10. B : 예, 곧 갖다드리겠습니다.

11. A : 있다가 죽(만두, 군만두)을 갖다주십시요.

12. B : 음식맛이 어떻습니까?

13. A : 아주 맛있습니다. 고맙습니다.

싸이 판 티엔 타 토이 호안 쭈

在饭店的兑换处

라오 치아, 우오 시앙 파 메꾸오 달러 호안 쭝 렌 민 피

1) A：劳驾，我想把美弗换成人民币。

칭 파 셩 파오 탄 케이 우오 칸 이 칸

2) B：请把申报单给我看一看。

시 쭈이 코 마

3) A：是这个吗？

토이 니 야오 호안 투오 샤오

4) B：对，你要换多少？

우오 시앙 호안 우·첸 메꾸오 달러 타 류이 싱 찌 파오

5) A：我想换5阡美弗的旅行支票。

칭 싸이 쪼 루 첸 밍, 란 호우 싸이 찌 꺄오 페이 미엔 시에 샹 니 타

6) B：请在这儿签名，然后在支票背面写上你的

후 짜오 하오 마

护照号吗。

칭 호안 쫑 링 첸

7) A：请换成零钱。

하오 타, 칭 슈 이 슈

8) B：好的，请数一数。

메이 쓰오

9) A：没错。

칭 쇼우 하오 쪼 짱 쇼우 쭈이

10) B：请收好这张收据。

● 환전소에서

1. A : 미불을 인민원으로 바꾸고 싶은데요.

2. B : (소지한 돈의) 신고서를 제출해 주십시요.

3. A : 이것 말씀입니까?

4. B : 그렇습니다. 외화를 얼마나 바꾸시겠어요?

5. A : 여행자수표로 5천불 정도요.

6. B : 여기에 서명해 주십시요. 뒷면에 패스포
트 번호를 기입해 주십시요.

7. A : 이것을 잔돈으로 바꿔 주십시요.

8. B : 알겠습니다. 세어 보시지요.

9. A : 맞습니다.

10. B : 이 영수증을 잘 간수해 주십시요.

洗 衣 服

1) A：劳驾，请把我的衣服送去洗一洗好吗？

2) B：可以，请放在洗澡间的大布袋里。

3) A：明天中午能洗好吗？

4) B：能。

5) A：还能不能烫一烫裤子？

6) B：可以。

7) A：那就麻烦你了。

8) B：没什么。

在 理 发 馆

1) A：我要理发，这儿有没有理发馆？

2) B：饭店的二楼有个理发馆。

3) A：明白了。

4) A：请给理个发。

● 클리닝

1. A : 미안합니다만, 이 옷을 세탁하고 싶은데요.

2. B : 예, 욕실 안의 큰 자루에 넣어주십시요.

3. A : 내일 낮까지는 될까요 ?

4. B : 됩니다.

5. A : 바지를 다릴 수도 있습니까 ?

6. B : 할 수 있습니다.

7. A : 그럼 수고스럽지만 부탁하겠습니다.

8. B : 천만에요.

● 이발소에서

1. A : 이발하고 싶은데, 여기 이발소가 있나요 ?

2. B : 이 호텔 2층에 이발소가 있습니다.

3. A : 알았습니다.

4. A : 머리를 깎아 주십시요.

5) C：请坐。要不要洗头？

6) A：要。

7) C：怎样理呢？

8) A：不长不短。

9) C：那就照原来的吧。

10) A：鬓角请别剪。

11) C：好的。

12) A：右边请再稍微剪一剪。

13) C：是这儿吗？

14) A：不，靠前一点，对，就是这儿。

15) C：请再往后坐一坐。

16) A：谢谢你，一共多少钱？

17) C：1块7毛，这是收据。

5. C : 앉으시지요. 세발하시겠읍니까?

6. A : 해주십시요.

7. C : 어떻게 깎아 드릴까요?

8. A : 너무 길지도, 짧지도 않게.

9. C : 중간쯤을 원하시는군요.

10. A : 구레나룻은 자르지 마십시요.

11. C : 알았습니다.

12. A : 오른쪽이 약간 덜 깍인 것 같은데요.

13. C : 여기 말씀입니까?

14. A : 아니, 좀 더 앞쪽입니다. 거깁니다.

15. C : 좀 더 깊숙이 앉아 주십시요.

16. A : 수고하셨습니다. 얼마입니까?

17. C : 1원 7각입니다. 여기 영수증 있읍니다.

◆세탁소

• 세탁물을 부탁합니다.
칭 시 이 후
请 洗 衣 服 。

• 언제까지 됩니까?
셴 마 시호 농시 하오
什 么 吋 候 能 洗 好 ?

• 내일(모래)입니다.
민 티엔(호 티엔)
明 天 （ 后 天 ）。

• 나는 내일 출발합니다. • 오늘 중으로 됩니까?
우오 민 티엔 치우 소우 라   칭 티엔 농 시 하오 마
我 明 天 就 走 了 。 今 天 能 洗 好 吗 ?

• 됩니다(안 됩니다).
농 .(부농)
能 。 （ 不 能 ）。

• 다림질을 해 주십시오.
칭 땅 이 시아
请 烫 一 下 。

• 아직 돌아 오지 않았읍니다.
하이 메이 요우 나 라이
还 没 有 拿 来 。

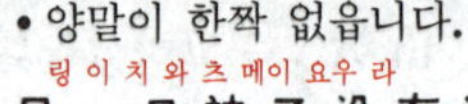

• 양말이 한짝 없읍니다.
링 이 치 와 츠 메이 요우 라
另 一 只 袜 子 没 有 了 。

◆ 미용실

• 퍼머를 해 주십시요.
칭 게이 우오 딴 화
请 给 我 烫 发。
• 약하게(세게) 해 주십시요.
칭 딴 따 손(친)이 디엔
请 烫 的 松 （紧） 一 点。
• 세트를 부탁합니다.
칭 게이 우오 슈 홍 이 시아 화 싱
请 给 我 梳 整 一 下 发 形。
• 2cm 잘라 주십시요.
칭 치엔 량 리 이
请 剪 2 厘 米。

◆ 이발관

• 이발을 해 주십시요.
칭 게이 우오 치엔 이 시아 토우 화
请 给 我 剪 一 下 头 发。
• 수염을 깎아 주십시요.
칭 게이 우오 고아 이 시아 후 츠
请 给 我 刮 一 下 胡 子。
• 머리를 깎아 주십시요.
칭 게이 우오 시 이 시아 토우 화
请 给 我 洗 一 下 头 发。
• 기름을 발라 주십시요(바르지 마십시요).
칭 게이 우오 싸 디엔 요우(우 야오 싸 요우)
请 给 我 擦 点 油 （ 不 要 擦 油 ）。

안 빠이 쌍 코안 리 쯩
5. 安排参观日程

니 시 티 이 쓰 타오 쫑 쿠오 라이 타 마
1) A : 你是第一次到中国来的吗？

시 타,　쓰오 봔 싱 휀 타 슈이 뿌 짜오 차오
2) B : 是的，昨晚兴奋得睡不着觉。

쯔 쓰 우오 멘 스안 시 신 뿡 요우　 딴 시 시아 쓰 라이 타 시 호우,
3) A : 这次我们算是新朋友，但是下次来的时候，

우오 멘 치우 시 라오 뿡 요우 라
我们就是老朋友了。

요우 찌 호이 이 팅 짜이 라이
4) B : 有机会一定再来。

호안 잉 니 짜이 라이, 타오 쫑 쿠오 라이 팡 웬 타 토우 시 우오 멘 타
5) A : 欢迎你再来，到中国来访问的都是我们的

하오 뿡 요우
好朋友。

칭 카오 수 우오 싸이 뻬이 칭 타 리 쫑 파
6) B : 请告诉我在北京的日程吧。

셴 찌에 샤오 이 시아 뻬이 칭 타 카이 코앙 파. 베이 칭 요우 헨 투오 타
7) A : 先介绍一下北京的概况吧。北京有很多的

밍 솽 쿠 찌
名胜古迹。

우오 토이 쪼 시에 헨 칸 싱 쭈이
8) B : 我对这些很感兴趣。

쪼 양 쭈 농 헨 하오 티 랴오 찌에 뻬이 칭 타 찡 코앙
9) A : 这样就能很好地了解北京的情况。

우오 시앙 쓰이 쭈 야오 타 시 통 쿠오 호 라오 통 렌 민 타 짜오 리우,
10) B : 我想最主要的是通过和劳动人民的交流，

쩡 쭈에 티 랴오 찌에 쫑 쿠오 타 쇼 호이 쭈 이 찌엔 쇼
正确地了解中国的社会主义建设。

5. 관광 일정

1. A : 중국에는 처음 오신 겁니까?

2. B : 예, 어제는 흥분해서 잘 자지 못했습니다.

3. A : 지금은 새 친구지만, 다음 오실 때는 이미

옛 친구입니다.

4. B : 꼭 다시 오고 싶습니다.

5. A : 환영하겠습니다. 중국에 오시는 분들은

모두 우호적인 분들 뿐입니다.

6. B : 북경 체재 중의 일정에 대해 알려 주십시요.

7. A : 그 전에 북경에 관해 대강 설명해 드리겠

습니다. 북경에는 명승 고적이 많습니다.

8. B : 무척 흥미있습니다.

9. A : 그것만으로도 북경을 잘 이해할 수 있지요.

10. B : 중요한 것은 여러 사람들의 모습을 통해 중

국의 모습을 바르게 보는 거라고 생각해요.

11) A：对，你说的对。所以我们才给你们安排了人民
公社、工厂、学校、医院的参观活动。

12) B：各参观地点都有座谈会吗？

13) A：当然有，请随便提一些意见和问题，交流
交流吧。

14) B：晚上有什么活动？

15) A：电影、文艺晚会和我们举办的宴会。

16) B：能不能安排一下买东西的时间？

17) A：好，有时间陪你们到友谊商店和琉璃厂去。
还有没有别的要求？

18) B：十分满意你们的安排，另外有可能的话，
想去拜会一下中国国际旅行社。

11. A : 그렇습니다. 그래서 인민 공사, 공장, 학

교, 병원 참관 등을 준비해놓고 있습니다.

12. B : 각 방문지에서는 좌담회도 있습니까?

13. A : 물론 있습니다. 사양하지 마시고 의견,

질문을 말씀해 주십시요.

14. B : 밤에는 어떤 스케줄이 있습니까?

15. A : 영화나 문예의 밤, 연회 등입니다.

16. B : 쇼핑 시간도 마련해 주십시요.

17. A : 예, 우의 상점과 유리창으로 안내해 드리

겠습니다. 그 밖에 다른 요망 사항은 ?

18. B : 아주 만족스럽습니다. 가능하면 중국 국

제여행사를 인사차 방문하고 싶은데요.

6. 参 观
쌍　코안

1) A : 你早。
니 싸오

2) B : 你早，昨晚睡得怎么样？
니 싸오　쓰오 완 슈이 타 첸 마 양

3) A : 谢谢，睡得很好，你呢？
세 세　슈이 타 헨 하오　니 나

4) B : 我也睡得不错。
우오 이에 슈이 타 뿌 쓰오

5) A : 能不能告诉我今天上午的日程？
농 뿌 농 카오 수 우오 친 티엔 샹 우 타 리 쫑

6) B : 早饭后，8点坐车从饭店出发，去参观
싸오 환 호우　빠 티엔 쓰오 쯔 쏭 환 티엔 쭈 화, 쭈이 싼 코안

天安门广场和故宫博物院。
티엔 안 멘 코안 쨩 호 쿠 콩 뽀 우 유안

7) A : 再问一个问题好吗？
싸이 웬 이 코 웬 테 하오 마

8) B : 你请。
니 칭

9) A : 一定要穿西装去吗？
이 팅 야오 쮸안 시 쮸앙 쭈이 마

10) B : 不用，随便穿什么都可以。
뿌 용, 소이 삐엔 쮸안 센 마 토우 코 이

11) B : 大家都齐了吗？
타 치아 토우 찌 라 마

12) A : 都齐了。
토우 찌 라

6. 참관

1. A : 안녕히 주무셨습니까?

2. B : 안녕히 주무셨습니까! 편히 주무셨나요?

3. A : 감사합니다. 아주 잘 잤습니다. 당신은?

4. B : 덕택에.

5. A : 오늘 오전 중의 스케줄을 알려 주십시요.

6. B : 아침 식사 후 8시에 버스로 출발해서 천

안문 광장과 고궁박물관을 견학합니다.

7. A : 또 한 가지 물어도 될까요?

8. B : 그럼요.

9. A : 정장할 필요가 있나요?

10. B : 간단한 복장으로 충분합니다.

11. B : 모두 모이셨습니까?

12. A : 모였습니다.

나 쓰오 타 차오 셴 마
13) A : 那座塔叫什么？

시 렌민 잉슝찌 니엔 뻬이
14) B : 是人民英雄纪念碑。

나 루 농 빠이 짜오 마
15) A : 那儿能拍照吗？

메이 코안 시, 칭 소이 삐엔 빠이 빠
16) B : 没关系，请随便拍吧。

찌 티엔 호이 환 티엔
17) A : 几点回饭店？

시 아르 티엔
18) B : 1 2 点。

시아 우 찌 티엔 쮜 화
19) A : 下午几点出发？

량 티엔 빤　우오 멘 쪼 루 시아 티엔 요우 슈이 우 짜오 타 시 코안
20) B : 两点半。我们这儿夏天有睡午觉的习惯。

나 마 시아 우 타오 셴 마 티 팡 쮜이 나
21) A : 那么下午到什么地方去呢？

짜오 쮜이 타 렌 민 콩 쇼
22) B : 郊区的人民公社。

나 하오 찌 라
23) A : 那好极了。

싸이 렌 민콩 쇼
在人民公社

쪼 루 리 뻬이 칭 타 쫑 신 요우 투오 유안
1) A : 这儿离北京的中心有多远？

유에 시 콩 리
2) B : 约10公里。

13. A : 저 높은 탑은 무엇입니까 ?

14. B : 인민 영웅 기념탑입니다.

15. A : 여기에서 사진을 찍어도 됩니까 ?

16. B : 상관없습니다. 좋으실 대로.

17. A : 몇 시에 호텔에 돌아갑니까 ?

18. B : 12시에 돌아갑니다.

19. A : 오후에는 몇 시에 출발하지요 ?

20. B : 2시 반이오. 우린 여름에 낮잠을 자곤 합니다.

21. A : 오후에는 어디를 방문합니까 ?

22. B : 교외의 인민공사를 찾아갑니다.

23. A : 그것 좋군요.

●인민공사에서

1 . A : 여긴 북경 중심에서 얼마나 떨어져 있나요 ?

2 . B : 약 10km입니다.

농 뿌 농 케이 우오 멘 찌에 샤오 이 시아 런 민 콩 쇼 타 칭 코앙
3) A : 能不能给我们介绍一下人民公社的情况？

하오 삐엔 쏘우 삐엔 치에 샤오 파
4) B : 好，边走边介绍吧。

싸이 웬 이 코 웬 테 코 이 마
5) A : 再问一个问题可以吗？

닌 칭
6) B : 您请。

시엔 싸이 따 치아 타 쇼우 루 시 투오 샤오
7) A : 现在大家的收入是多少！

메이 런 메이 유에 삥 춘 쇼우 루 시 산 시 콰이 쓰오 요우
8) B : 每人每月平均收入是３０块左右。

난 뉴이 토우 이 양 마
9) A : 男女都一样吗？

완 쭈앙 이 양
10) B : 完全一样。

웨이 라 리우 쓰오 찌 니엔. 따 치아 이 콰이 빠이 짱 짜오 파
11) A : 为了留作纪念，大家一块拍张照吧。

투안 짱 닌 짠 싸이 쫑 치엔 파
12) B : 团长，您站在中间吧。

우오 케이 니 멘 빠이 파
13) C : 我给你们拍吧。

마 판 니 라. 찌 야오 이 안 치우 싱 라
14) A : 麻烦你了，只要一按就行了。

쪼 시 요우 하오 찌 니엔 짱 칭 쇼우 시아
15) A : 这是友好纪念章，请收下。

세 세 칭 호 짜 파
16) B : 谢谢，请喝茶吧。

3. A : 인민공사에 대해 소개해 주시겠습니까?

4. B : 알겠습니다. 걸으면서 소개해 드리지요.

5. A : 또 한 가지 물어도 되겠습니까?

6. B : 하시지요.

7. A : 지금, 여러분의 수입은 얼마나 됩니까?

8. B : 월평균 1인당 30원 안팎입니다.

9. A : 남녀가 모두 같습니까?

10. B : 똑같습니다.

11. A : 기념으로 모두 함께 사진을 찍읍시다.

12. B : 단장님이 가운데로 오시지요.

13. C : 제가 찍지요.

14. A : 미안합니다. 여기를 누르면 됩니다.

15. A : 우호의 기념 배지입니다. 받아 주세요.

16. B : 고맙습니다. 차 드시지요.

17) A : 这茶太好喝了，叫什么？

18) B : 龙井茶。你吸烟吗？

19) A : 谢谢，我不会吸〔油〕烟。

20) A : 今天在百忙之中，您亲自陪同我们参观，
还给我们介绍了人民公社的一些情况，
使我们了解了很多东西，我代表大家
向你表示感谢。

21) B : 您太客气了，以后有机会再来啊！

22) C : 我们上车吧。

23) A : 好。

24) C : 那么就开车吧。

17. A : 맛있는 차군요. 차 이름이 무엇입니까 ?

18. B : 용정차입니다. 담배 태우시겠습니까 ?

19. A : 고맙습니다만 저는 담배 피우지 않습니다.

20. A : 바쁘실 텐데도 이렇게 참관을 하게 해주

시고 인민공사의 상황을 소개해 주서서

저희는 많은 걸 이해할 수가 있었습니다.

모두를 대표해 감사의 인사를 드립니다.

21. B : 천만에요. 기회 있으면 꼭 다시 와주세요.

22. C : 자, 그럼 버스를 타시지요.

23. A : 예.

24. C : 그럼 출발하겠습니다.

7. 问　路

1) A : 请问，王府井在哪儿？

2) B : 顺着这条大街　往前走，走到路口往左一
拐就是了。

3) A : 新华书店在哪儿？

4) B : 在路口附近。

5) A : 是左边还是右边？

6) B : 右边。

7) A : 请告诉我以什么为标志。

8) B : 以人民日报社为标志就行了。

9) A : 从这儿走要多少时间？

10) B : 5、6分钟就到了。

11) A : 谢谢。

7. 거리에서

1. A : 좀 물어보겠습니다. 왕부정은 어디입니까?

2. B : 이 큰길을 곧장 가서 다음 모퉁이에서 왼

쪽으로 돌면 바로 있습니다.

3. A : 신화서점은 어디 있습니까?

4. B : 모퉁이 바로 근처에 있습니다.

5. A : 오른쪽입니까, 왼쪽입니까?

6. B : 오른쪽입니다.

7. A : 무언가 목표가 될 만한 것을 알려 주십시요.

8. B : 인민일보사를 목표로 하면 바로 알 수 있어요.

9. A : 여기서부터 걸어서 얼마쯤 걸립니까?

10. B : 5, 6분이면 도착합니다.

11. A : 고맙습니다.

• 처음 뵙겠습니다.
쭈 스 첸 미엔
初 次 见 面 。
• 저는 김명수입니다.
우오 시 김 명 수
我 是 金 明 秀 。
• 당신의 이름은?
닌 고이 싱
（您） 貴 姓 ？
닌 챠오 션 마 밍 쓰
（您） 叫 什 么 名 字 ？

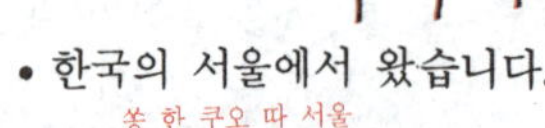
• 나는 오경화라고 합니다.
우오 차오 오 경 화
我 叫 吳 敬 和 。

• 어디서 오셨습니까?
닌 쏭 나루 라이 따
您 从 哪 儿 来 的 ？

• 한국의 서울에서 왔습니다.
쏭 한 쿠오 따 서울
从 韓 国 的 Seoul

◆ 사진촬영

• 저 건물의 사진을 찍어도 됩니까?
나 고우 다 로우 코 이 차오 마
那 个 大 楼 可 以 照 吗 ?

• 당신의 사진 좀 찍어도 괜찮겠습니까?
코 이 차오 이 시아 니 마
可 以 照 一 下 你 吗 ?

• 죄송합니다만 셔터를 눌러 주십시요.
라오 치아 칭 게이 우오 안 시아 콰이 멘
劳 驾 , 请 给 我 按 下 快 门 。

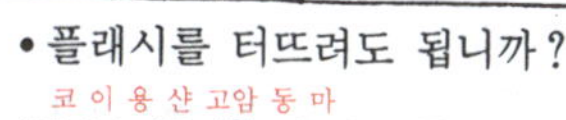

• 함께 사진 좀 찍습니다.
우오 멘 이 콰이 차오 바
我 们 一 块 照 吧 。

• 플래시를 터뜨려도 됩니까?
코 이 용 샨 고암 동 마
可 以 用 闪 光 灯 吗 ?

• 근처에 카메라점이 있습니까?
초 후 친 요우 차오 시앙 고안 마
这 附 近 有 照 相 馆 吗 ?

• 이것을 수리해 주십시요. 언제 됩니까?
칭(바 초 고) 시우 리 이 시아. 센 마 시 호우 시우 하오.
请 （ 把 这 个 ） 修 理 一 下 。 什 么 时 候 修 好 ?

• 이 필림을 인화해 주십시요.
칭(바 초 고 차오 추안) 쭝 시 이 시아
请 （ 把 这 个 胶 卷 ） 冲 洗 一 下 。

8. 宴　会

1) A : 欢迎，欢迎。

2) B : 承您邀请〔招待〕，非常感谢。

3) A : 别客气，请坐这儿吧。

4) B : 好，谢谢。

5) A : 这是有名的茅台酒，来一杯吧。

6) B : 味儿挺香的，有几度？

7) A : 55（五十五）度左右。

8) B : 怪不得这么厉害。

9) A : 让我们为中韓两国世世代代的友好和各位的

健康而干杯吧！

10) 일동 : 干杯！

11) A : 这个菜怎么样，合您的口味吗？

12) B : 很好吃，这个菜我很喜欢，叫什么呢？

8. 연회

1. A : 잘 오셨습니다.

2. B : 초대해 주셔서 정말 고맙습니다.

3. A : 사양 마시고 이쪽으로 와 앉으시지요.

4. B : 예, 고맙습니다.

5. A : 이게 마오 타이 술인데, 한 잔 들어보세요.

6. B : 향기가 좋군요. 몇 도나 됩니까?

7. A : 55도쯤 됩니다.

8. B : 어쩐지 독하더군요.

9. A : 그럼, 중·한 양국의 우호와 여기 계신

　　　여러분의 건강을 위해 건배합시다.

10. 일동 : 건배!

11. A : 이 요리는 어떤가요? 입에 맞으시는지요.

12. B : 무척 맛있는데요. 뭐라고 하는 요리입니까?

짜오 "홍 샤오 호아 슈이"
13) A : 叫 "红烧划水"。

랑 우오 찌 시아 라이
14) B : 让我记下来。

칭 삐에 코 치. 투오 찌 티엔
15) A : 请别客气，多吃点。

세 세　　이 칭 찌 타 타이 빠오 라
16) B : 谢谢，已经吃得太饱了。

야오 뿌 야오 라이 뻬이 찌우
17) A : 要不要来杯酒？

라이 뻬이 삐 찌우(쭈우 쓰 슈이)　파
18) B : 来杯啤酒（桔子水）吧。

싸이 라이 이 뻬이 파
19) A : 再来一杯吧。

시 싸이 호 뿌 시아 쭈이 라　　[뿌 농 싸이 호 라]
20) B : 实在喝不下去了，〔不能再喝了〕。

13. A : 홍 샤오 호아 슈이라고 합니다.

14. B : 잠깐 메모 좀 하겠습니다.

15. A : 사양 마시고 좀 더 드십시요.

16. B : 고맙습니다. 이제 실컷 먹었습니다.

17. A : 술을 드시겠습니까?

18. B : 맥주(주스)를 부탁하겠습니다.

19. A : 한 잔 더 드시지요.

20. B : 이젠 더 마시지 못하겠습니다.

마이 통 시
9. 买东西

니 하오
1) A : 你好！

니 하오, 니 야오 마이 셴 마
2) B : 你好，你要买什么？

마오 타이 찌우〔샤오 싱 찌우〕 싸이 나 루코 이 마이
3) A : 茅台酒〔绍兴酒〕在哪儿可以买？

싸이 아르 로우 타 이엔 찌우 뿌
4) B : 在2楼的烟酒部。

마오 타이 찌우 이 삥 투오 샤오 치엔
5) A : 茅台酒一瓶多少钱？

이 삥 치우 콰이
6) B : 一瓶9块。

나 케이 우오 산 삥 파   후 쭈앙 뿌 싸이 나 루
7) A : 那给我3瓶吧。服装部在哪儿？

싸이 산 로우
8) B : 在3楼。

우오 시앙 케이 아이 렌 마이 시에 퉁 시, 니 칸 셴 마 하오
9) A : 我想给爱人买些东西，你看什么好？

스 쪼우 랴오 쓰 찌 레이 타, 이 텡 시 호안 파.
10) B : 丝绸料子之类的，一定喜欢吧。

니 농 뿌 농 케이 우오 테와 이 태와 호아 양 셴 마 타
11) A : 你能不能给我挑一挑花样什么的。

니 아이 렌 투오 따 수이 슈
12) B : 你爱人多大岁数？

(아르 시 치) 소이
13) A : 27（二十七）岁。

9. 쇼핑

1. A : 안녕하십니까!

2. B : 어서 오십시요. 무엇을 찾으십니까?

3. A : 마오 타이 술은 어디서 살 수 있나요?

4. B : 2층 술 매장에 있습니다.

5. A : 이 마오 타이 술은 1병에 얼마입니까?

6. B : 1병에 9원입니다.

7. A : 그럼 3병만 주세요. 옷 매장은 어디입니까?

8. B : 3층입니다.

___

9. A : 아내에게 줄 선물인데, 뭐가 좋을까요?

10. B : 비단 옷감 같은 것이 좋으실 겁니다.

11. A : 무늬를 골라 주실 수 있겠어요?

12. B : 나이가 몇 살이나 되신 분입니까?

13. A : 27세입니다.

14) B : 这个怎么样？

15) A : 有点素，有没有稍微花一点的。

16) B : 这种花样怎么样？

17) A : 好是好，就是厚一点。

18) B : 您看这个没有花样的怎么样。

19) A : 这个不错，做一身要几米？

20) B : 大概 4 米就够了吧。

21) A : 一共多少钱？

22) B : 1 米 1 2 块，总共 4 8（四十八）块。

23) A : 在哪儿付钱呢？

24) B : 请到那边的付款处去付钱。

14. B : 이런 것이면 어떨까요 ?

15. A : 좀 수수하군요. 더 화려한 것은 없어요 ?

16. B : 이 꽃무늬의 것은 어떻습니까 ?

17. A : 좋긴 좋은데 약간 두텁습니다.

18. B : 그럼 이 무지의 것은 어떨까요 ?

19. A : 좋습니다. 한 벌에 몇 미터면 됩니까 ?

20. B : 4미터만 있으면 충분합니다.

21. A : 얼마지요 ?

22. B : 1미터에 12원이니까 모두 48원입니다.

23. A : 어디서 지불하지요 ?

24. B : 저쪽 회계에서 지불해 주십시요.

• 이것을 주십시요(저것).
야오 초 고 (나 고)
要这个（那个）。

◆선물을 살 때

• 이것으로 결정했습니다.
치우 야오 초 고
就要这个。

• 그쪽은 필요 없습니다.
나 고 부 야오
那个不要。

• 싸주십시요.
칭 게이 바오 이 시아
请给包一下。

• 따로 따로 싸 주십시요.
펜 비에 바오 이 시아
分别包一下。

• 영수증을 주십시요.
야오 화 피요
要发票。

• 대금은 지불했습니까.
치엔 이 후우 라
钱找错了。

• 거스름돈이 틀립니다.
치엔 챠오 쓰오 라
钱已付了。

① 처음부터 너무 많은 돈을 바꾸지 않도록.

② 한국에서 보기 어려운 물건을 찾을 것.

③ 너무 부피가 크지 않은 것을.

④ 물건값을 깎지 말 것.

⑤ 매점을 하지 말것.
　(물건이 많지 않을 때 다른
　여행객에게 피해를 입힌다)

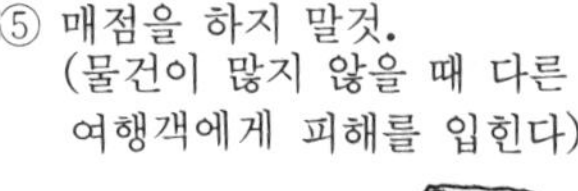

⑥ 쇼핑에 너무 열중해서 집합시간을 잊지 말 것.

• 외국인용 상점 요우 이 상 디엔 **友谊商店**	• 골동품상회 웬우 샹 디엔 **文物商店**	• 문방구 웬 츄이 디엔 **文具店**
• 백화점 바이 후오 공 스 **百货公司**	• 인감점포 코 쓰 디엔 **刻字店**	• 민예품점 민 치엔 공 이 샹 디엔 **民间工艺商店**
• 공예 미술품점 공 이 메이 슈 샹 디엔 **工艺美术商店**	• 카메라점 차오 시앙 고안 **照相馆**	• 시장 시 짱 **市场**
• 한방약국 총 야오 디엔 **中药店**	• 서점 신 호아 슈 디엔 **(新华)书店**	• 면세점 미엔 슈이 샹 디엔 **免税商店**

• 구경만 하고 있습니다. 고맙습니다.
고앙 칸 이 칸.　　세 세
光看一看。谢谢。

• 잠깐 실례합니다.
(점원을 부를 때)
통 치 토이 부 찌
同志，对不起。

• 이것을 보여주십시요(저것).
우오 야오 칸 초 고(나 고)
我要看这个（那个）。

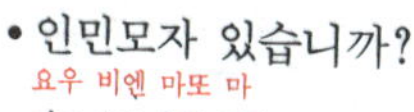

• 인민모자 있습니까?
요우 비엔 마또 마
有便帽吗？

• 너무 큽니다(작습니다).
따이 다(샤오) 라
太大（小）了。

• 다른 것을 보여주십시요.
차이 칸 칸 비에 따
再看看别的。

10. 打 电 话

1) A：喂！ 是总机吗？

2) B：是， 这儿是总机。

3) A：我要往韓国Seoul打个电话。

4) B：请告诉我对方的号码和姓名。

5) A：对不起， 我听不大清楚， 请再说一遍吧。

6) B：好， ………。

7) A：Seoul 7 2 6 − 9 4 0 4 对方的。

　　　姓名是　 Mr. Kim Myoung Soo。

8) B：请再大声点说一遍对方的姓名。

9) A：Kim 是姓。

10) B：请告诉我你的房间号码和姓名。

11) A：5 0 2 6号， Lee Mie Sun。

12) B：是你付钱， 还是对方付？

10. 전화

1. A : 교환대입니까?

2. B : 예, 여기는 교환대입니다.

3. A : 한국의 서울로 전화를 걸고 싶은데요.

4. B : 번호와 상대편 성함을 알려 주십시요.

5. A : 죄송하지만, 한 번 더 말씀해 주세요.

6. B : 그러지요, ······.

7. A : 서울 726-9404. 받는 사람 이름은 김명수
   입니다.

8. B : 상대편 성함을 크게 다시 말씀해 주세요.

9. A : 김이 성입니다.

10. B : 손님의 방번호와 성함을 말씀해 주십시요.

11. A : 5026호실의 이미선입니다.

12. B : 직접 지불하시겠어요, 수신자 지불로 하
   시겠어요?

13) A : 요우 토이 팡 후 첸
由对方付钱。

14) B : 칭 팡 시아 호아 통 샤오 웨이 통 이 시아, 쿠오 이 후오 루 짜오 니
请放下话筒稍微等一下，过一会儿叫你。

15) A : 슈이 야오 치 풴 쫑　[투오 샤오 시 첸]　농 치에 통
需要几分钟〔多少时间〕能接通？

16) B : 시엔 싸이 티엔 호아 뿌 나 마 투오 따 카이 우 풴 쫑 쓰오 요우 치우 농
现在电话不那么多，大概5分钟左右就能

치에 통 파
接通吧。

17) A : 마 판 니 라
麻烦你了。

18) B : 웨이 짜오 라　서울　하오 치 쓰, 하이 메이 런 치에
喂！叫了Seoul 好几次，还没人接。

19) A : 나 마 쿠오 량 코 샤오 시 이 호우, 칭 싸이 치에 이 치에 파
那么过两个小时以后，请再接一接吧。

（2 小时后）

20) B : 웨이 치에 통 라, 칭 슈오 호아 파
喂！接通了，请说话吧!

21) A : 웨이……
喂………

13. A : 수신자 지불로 해주십시요.

14. B : 수화기 놓고 기다리시면 연결해 드리겠어요.

15. A : 몇 분쯤 걸릴까요 ?

16. B : 지금은 그렇게 바쁘지 않아서 5, 6분이면

연결이 될 겁니다.

17. A : 부탁합니다.

18. B : 여보세요. 신호를 보내고 있지만, 받지

않습니다.

19. A : 그럼, 2시간 후에 다시 걸어 주십시요.

(2시간 후)

20. B : 여보세요, 전화 나왔습니다. 말씀하세요.

21. A : 여보세요, …….

11. 在 邮 局

1) A : 请给我明信片。

2) B : 你要哪一种？

3) A : 给我那套北京风景的明信片。

4) B : 一套10张， 1 块钱。

5) A : 寄这封信该贴多少邮票？

6) B : 不超过10克的话， 5 毛 2 分的邮票就够了。

7) A : 对不起， 我没带零钱。

8) B : 没关系。收你10块， 找你 6 块 4 毛 8 分。

9) A : 收信人的姓名可以用汉字写吗？

10) B : 可以。

11) A : 寄到 Seoul 大概要几天？

12) B : 3 、 4 天就能到。

11. 우체국에서

1. A : 그림엽서를 주십시요.

2. B : 어떤 것을 드릴까요?

3. A : 북경 풍경 그림엽서를 1세트 주세요.

4. B : 1세트에 10장 들어서 1원입니다.

5. A : 이 편지봉투에는 얼마짜리 우표를 붙입니까?

6. B : 10g 이내이면 5.2각이면 됩니다.

7. A : 죄송합니다. 잔돈을 갖고 있지 않습니다.

8. B : 됐습니다. 10원짜리군요. 여기 거스름 돈
6원 4.8각 있습니다.

9. A : 수신인 주소는 모두 한자로 써도 됩니까?

10. B : 됩니다.

11. A : 서울까지 며칠쯤 걸립니까?

12. B : 3, 4일이면 갑니다.

12. 打 电 报

1) A：请问，可以在这儿往韓國打国际电报吗？

2) B：可以。

3) A：可以用韓文打吗？

4) B：可以，请在这张电报纸上，用罗马字准确地
填写。

5) A：好，用罗马字拼写的时候，一语能打几个
字？

6) B：一语最多能打15（十五）个字。

7) A：写好了，这样行吗？

8) B：请把收报人的地址写得详细一点。

9) B：你要打加急电报，还是普通电报？

10) A：只要明天下午能到就行了。

12. 전보

1. A : 한국에 국제 전보 칠 수 있습니까?

2. B : 칠 수 있습니다.

3. A : 한국어로도 됩니까?

4. B : 예, 이 전보 용지에 로마자로 정확하게

　　　기입해 주십시요.

5. A : 알았읍니다. 로마자로 쓰는 경우 1단어에

　　　몇 자까지 쓸 수 있지요?

6. B : 1단어에 15자까지입니다.

7. A : 이렇게 쓰면 되겠습니까?

8. B : 수신인 주소를 좀 더 자세히 써주십시요.

9. B : 지급 전보입니까, 보통 전보입니까?

10. A : 내일 오후에만 도착하면 됩니다.

11) B：나 치우 타 슈 싱 티엔 빠오 파
那就打书信电报吧。

12) A：이 콩 투오 샤오 첸
一共多少钱？

13) B：쓰이 쮸 타　　(아르 시 아르)　유이 시 찌 콰이 찌 마오 아르,
最初的22（二十二）语是 7 块 7 毛 2 ，

이 호우 메이 치아 이 유이 테이 후 산 마오 리우, 쪼 양 이 콩 시
以后每加 1 语得付 3 毛 6 ， 这样一共是

시 콰이 량 마오 스
10 块 2 毛 4 。

14) A：쪼 시에 코우 마
这些够吗？

15) B：코우 라
够了。

11. B : 그렇다면 서신 전보로 충분합니다.

12. A : 전부 얼마입니까?

13. B : 처음 22단어까지가 7.72원, 그 뒤로는 1

단어 증가할 때마다 0.36원이니까 모두

합해서 10.24원이 됩니다.

14. A : 이것으로 되겠습니까?

15. B : 충분합니다.

쓰오 쭈 쑤 치 쪼

13. 坐出租汽车

라오 치아, 케이 우오 멘 짜오 량 쭈 쑤 치 쪼 파

1) A : 劳驾，给我们叫辆出租汽车吧。

하오, 칭 샤오 웨이 통 이 시아

2) B : 好，请稍微等一下。

농 쓰오 치 코 렌

3) A : 能坐几个人？

산 코 렌, 칭 쓰오 나 루 타 샹 하이 빠이 파

4) B : 3个人，请坐那儿的上海牌吧。

타오 나 루 쭈이

5) C : 到哪儿去？

치우 시 쭈이 코 티 팡 （용 쇼우 치 치 삐엔）

6) A : 就是这个地方。（用手指纸片。）

치 타오 라, 칭 샹 파

7) C : 知道了，请上吧。

타오 라

8) C : 到了。

쿠오 산 시 풴 쫑 치우 호이 라이, 칭 니 싸이 쪼 루 퉁 이 퉁

9) A : 过３０分钟就回来，请你在这儿等一等。

13. 택시에서

1.A : 택시를 불러 주십시요. (주 : 중국에는
　　　손님을 찾아 돌아다니는 택시는 없음)

2.B : 알겠습니다. 잠시만 기다려 주십시요.

3.A : 몇 사람까지 탈 수 있습니까?

4.B : 3사람입니다. 저쪽 "상해호"를 타주세요.

5.C : 어디로 가십니까?

6.A : 여기입니다. (종이에 쓴 것을 보인다)

7.C : 알겠습니다. 타시지요.

8.C : 다 왔습니다.

9.A : 30분 안에 돌아올 테니 기다려 주세요.

◆택시를 탈 때

• 택시를 불러 주십시요.
야오 추추 쩌 쯔
要出租汽车。

• (메모를 기사에게 보이고) 이곳을(우의상점) 부탁합니다.
다오 초 루(요우 이 샹 디엔) 쮜이
到这儿 （友谊商店） 去。

• 서둘러(천천히) 가 주십시요.
칭 카이 콰이 디엔(만 만 카이 바)
请开快点 （慢慢开吧）。

• 다 왔습니다.
다오 라
到了。

• 여기에 세워 주십시요. 얼마지요 ?
팅 짜이 쪄 루 바.　　　두오 샤오 치엔
停在这儿吧。　　多少钱。 ?

• 여기서 잠깐(30분)
기다려주십시요 ?
짜이 쪄 루 덩 이 시아　　　(반 샤오 시)
在这儿等一下 （半小时）。

• 2시간 뒤에 다시
이곳으로 와 주십시요.
량 고 샤오 시 호우 라이 치에 우오
2 个小时后来接我。

- 택시를 타기 전에 잔돈을 준비해 둔다.

- 항상 호텔에서 불러 달라고 하는 것이 편리하다.

- 운전수의 영수증을 받고 대금을 지불한다.
  팁은 필요 없다.
  거스름돈도 정확히 받는다.

- 중국에서는 손님을 찾아 돌아다니는 택시는 광주 이외에는 없다.
  돌아올 때에도 택시가 필요하면 기다리게 하든가 다시 한번 와 달라고 하는 것이 좋다.

- 행선지를 한자로 메모지에 적어서 지도상에 표시해 보이는 것도 한 방법이다.

14. 坐火车、飞机

坐火车

1) A : 火车从几号站台开车？

2) B : 4号站台。

3) A : 几点开车？

4) B : 18点29（二十九）分。

5) A : 中途换不换车？

6) B : 不用换车。

7) A : 到上海需要多少时间？

8) B : 大约20个小时。

9) A : 有多少公里？

10) B : 大约1500（一千五百）公里吧。

11) B : 请喝茶。

14. 기차, 비행기에서

●기차에서

1. A : 몇 번 홈에서 발차합니까?

2. B : 4번선입니다.

3. A : 몇 시에 발차합니까?

4. B : 18시 29분입니다.

5. A : 도중에서 바꿔 타야 됩니까?

6. B : 바꿔 탈 필요 없습니다.

7. A : 상해까지 몇 시간이나 걸립니까?

8. B : 약 20시간입니다.

9. A : 몇 킬로미터나 되지요?

10. B : 약 15백킬로미터입니다.

11. B : 차 드시지요.

12) A : 谢谢，再来一杯吧。

13) A : 能在车上吸烟吗？

14) B : 可以，请随便。

15) A : 这趟车有没有餐车？

16) B : 后面的车厢（第 3 节车厢）就是餐车。

17) A : 到上海还有多少时间？

18) B : 还有 7 个小时。

19) A : 这趟车经过南京吗？

20) B : 经过。

21) A : 过不过南京大桥？

22) B : 过。

23) A : 那太好了，一定要亲眼看一看。

（广播）"列车快要到上海了，

请旅客们准备下车吧！"

12. A : 고맙습니다. 한 잔만 더 주십시요.

13. A : 담배 피워도 됩니까?

14. B : 됩니다. 피우시지요.

15. A : 식당차가 있습니까?

16. B : 뒤쪽 차량(3호차)에 식당차가 있습니다.

17. A : 상해까지 앞으로 몇 시간 남아 있어요?

18. B : 앞으로 7시간 남았습니다.

19. A : 이 열차는 남경을 지나 갑니까?

20. B : 지나 갑니다.

21. A : 남경대교를 건너 갑니까?

22. B : 건너 갑니다.

23. A : 그것 아주 잘 됐군요. 꼭 보고 싶군요.
    (차내방송) : 이제 곧 상해에 도착하겠
    습니다. 승객 여러분 하차하실 준비를
    해주십시요.

◆ 버스를 탈 때

• 상해박물관까지 갑니까?
다오 샹하이 보 우 고안 마
到 上 海 博 物 馆 吗？

• ○○까지 요금은 얼마입니까?
다오 ○○ 야오 두오 샤오 치엔
到 □ 要 多 少 钱？

• ○○까지 표를 3장 주십시요.
마이 산 창 (다오 ○○따) 퍄오.
买 3 张 （ 到 □ 的 ） 票。

• ○○에 도착하면 알려 주십시요.
다오 ○○ 시 칭 가오 스우 우오 이 시아
到 □ 时 请 告 诉 我 一 下。

• 내립시다.
시아 쪼
下 车！

• 남경까지의 특급 1등 침대권을 3장 주십시요.
야오 다오 난징 타 또 콰이 루안 우오 퍄오 산 창.
要到南京的特快，软卧票3张。

• 몇 시 출발합니까?
치 디엔 카이 쪼
几点开车？

• 남경행 특급은 몇번선입니까?
다오 난징 쮜이 따 토콰이 차이 치 하오 찬 타이
到南京去的特快在几号站台？

• 식당차는 달려 있습니까?
요우 메이 요우 싼 쪼
有没有夕车？

• 지금 영업하고 있습니까?
카이 환 라 마
开饭了吗？

• 남경에는 몇시에 도착합니까?
치 디엔 다오 난징
几点到南京？

쓰오 훼이 치
坐 飞 机

라오 치아, 우오 야오 팅 이 짱 쮜이 샹 하이 타 치 퍄오
1) A : 劳驾，我要订一张去上海的机票。

센 마 시 호우 타 빤 치
2) B : 什么时候的班机？

호우 티엔 타 민 항　　　　（이 빠이 우 시 이）　쓰 빤 치
3) A : 后天的民航151（一百五十一）次班机。

토이 뿌 치, 토우 만 라
4) B : 对不起，都满了。

요우 메이 요우 삐에 타 빤 치
5) A : 有没有别的班机？

（우 빠이 이 시 아르）　쓰 빤 치 요우 시에 콩 웨이
6) B : 512（五百一十二）次班机有些空位。

센 마 시 호우 쑹 뻬이 칭 쭈 화
7) A : 什么时候从北京出发？

시 빠 티엔　　　　（스 시 우）　훼
8) B : 1 8点45（四十五）分。

치 티엔 타오 샹 하이
9) A : 几点到上海？

아르 시 티엔　　　（아르 시 우）　훼
10) B : 2 0点25（二十五）分。

나 우오 치우 팅 512 쓰 빤 치 라
11) A : 那我就订512次班机了。

칭 웬,　시 센 마 훼이 치
12) A : 请问，是什么飞机？

●비행기에서

1. A : 수고하십니다. 상해까지 예약하고 싶은데요.

2. B : 언제의 몇 편입니까?

3. A : 모레의 민항 151편입니다.

4. B : 죄송합니다. 만원입니다.

5. A : 다른 편은 없습니까?

6. B : 512편에는 빈 좌석이 있습니다.

7. A : 몇 시에 북경을 출발하지요?

8. B : 18시 45분입니다.

9. A : 상해 도착은?

10. B : 20시 25분입니다.

11. A : 그럼 512편 좌석을 예약하겠습니다.

12. A : 기종은 무엇이지요?

산 짜 치
13) B : 三叉戟。

농 쓰오 투오 샤오 렌
14) A : 能坐多少人？

따 유에 빠 시 밍 쫑 코
15) B : 大约８０名乘客。

뻰 치 시 타 마
16) A : 喷气式的吗？

시타
17) B : 是的。

치 퍄오 [퍄오 치아] 투오 샤오 첸
18) A : 机票〔票价〕多少钱？

치 퍄오 시   (이 빠이 우 시)   콰이
19) B : 机票是150（一百五十）块。

셴 마 시 호우 타오 치 쨩 하오 나
20) A : 什么时候到机场好呢？

쓰이 치 시아 우 리우 티엔 시 우 풴 타오
21) B : 最迟下午６点１５分到。

닌 코이 싱
22) B : 您贵姓？

우오 쨔오
23) A : 我叫○○○

칭 웬,   셴 싸이 니 쭈 나 루
24) B : 请问，现在你住哪儿？

뻬이 칭 판 티엔 타 우 링 아르 리우 하오 판 첸
25) A : 北京饭店的５０２６号房间。

하오 라
26) B : 好了。

13. B : 트라이던트입니다.

14. A : 몇 인승입니까?

15. B : 약 80인승입니다.

16. A : 제트기입니까?

17. B : 예, 그렇습니다.

18. A : 요금은 얼마지요?

19. B : 150원입니다.

20. A : 언제 공항으로 가면 됩니까?

21. B : 늦어도 6시 15분까지는 도착해 주십시요.

22. B : 성함이 어떻게 되시지요?

23. A : ○○○입니다.

24. B : 연락처는 어디십니까?

25. A : 북경반점 5026호입니다.

26. B : 알았습니다.

싸이 치 짱
在 机 场

1) A : 칭 웬, 통 치 쭈 싸이 나 루
请问，登机处在哪儿？

2) B : 싸이 쭝 미엔 따 팅 타 요우 삐엔
在正面大厅的右边。

3) A : 쯔 리앙 코 싱 리 칭 쭈앙 타오 훼이 치 샹 쮜이
这两个行李请装到飞机上去。

4) C : 짜오 쭝 산 콩 친, 칭 후 짜오 쭝 훼이스 콰이 우 마오
超重 3 公斤，请付超重费 4 块 5 毛。

5) C : 쯔 시 통 치 빠이
这是登机牌。

6) A : 쓰오 웨이 시 토이 하오 루 쓰오 타 마
座位是对号入座的吗？

7) C : 뿌, 뿌 토이 하오
不，不对号。

8) A : 훼이 치 쭌 시 찌 훼이 마
飞机准时起飞吗？

9) C : 쭌 시 찌 훼이
准时起飞。

10) A : 512 쓰 빤 치 타 통 치 코우 시 치 하오
512 次班机的登机口是几号？

11) C : 시 우 하오
是 5 号。

（꽝 뽀） "훼이 빵 샹 하이 타 512 쓰 빤 치 삐 유안 팅 시 치엔 완
（广播）"飞往上海的 512 次班机比原定时间晚

리앙 코 샤오 시, 칭 쭝 코 멘 리앙 치에"
两个小时，请乘客们谅解。"

●공항에서

1. A : 체크 인 카운터는 어디 있습니까?

2. B : 정면 현관을 들어서서 오른쪽에 있습니다.

3. A : 짐 2개 체크해 주십시오.

4. C : 3kg 초과 요금 4원 5각을 지불해 주십시요.

5. C : 이것이 탑승권입니다.

6. A : 좌석은 지정제입니까?

7. C : 아닙니다, 아무 데나 앉아도 됩니다.

8. A : 비행기는 정각에 출발합니까?

9. C : 정각에 출발합니다.

10. A : 512편의 탑승구는 몇 번이지요?

11. C : 5번입니다.

(공항방송) 상해행 512편은 2시간 정도 연발하겠습니다. 양해해 주시기 바랍니다.

15. 生 病

在 医 院

1) A：您脸色不太好，哪儿不舒服？

2) B：喉咙有点疼，全身没有劲儿。

3) A：那就请医生看一看吧。

4) C：先量一量体温，有一点发烧，３７度６。

5) C：你觉得怎么样？

6) B：我好象有点感冒。

7) C：咳嗽吗？

8) B：有一点，昨晚老是睡不着觉，又出了些盗汗。

9) C：肚子怎么样？

10) B：今天早上泻了一点。

11) C：还有没有什么毛病。

12) B：没有。

15. 질병

●병원에서

1. A : 안색이 좋지 않은데, 어디 편찮으신가요 ?

2. B : 예, 목이 좀 아프고 온몸이 나른합니다.

3. A : 그럼 일단 의사에게 진찰을 받아 보시지요.

4. C : 먼저 체온을 재보시지요. 열이 조금 있
군요. 37도 6분입니다.

5. C : 어디가 편찮으신지요 ?

6. B : 감기기가 있습니다.

7. C : 기침 나십니까 ?

8. B : 약간 납니다. 어제밤은 잠도 잘 오지
않고 식은땀을 흘렸습니다.

9. C : 속은 어떻습니까 ?

10. B : 오늘 아침 설사를 좀 했습니다.

11. C : 그 밖에 다른 데 이상은 없습니까 ?

12. B : 없습니다.

우오 칸 쪼 시 칸 마오 파
13) C : 我看这是感冒吧。

야오 뿌 야오 타 쩐, 찌 야오
14) B : 要不要打针，吃药？

칭 팡 신, 찌 티엔 야오, 싸이 판 티엔 시우 시 이 리앙 티엔 치우
15) C : 请放心，吃点药，在饭店休息一两天就

호이 하오 타
会 好的。

셰 셰
16) B : 谢谢。

쪼 코 야오 풴, 메이 티엔 후 산 쓰, 판 호우 산 시 풴 쫑 코
17) C : 这个药粉，每天服３次，饭后３０分钟各

후 이 빠오, 치 칭 쭈 라 마
服１包，记清楚了吗？

칭 쭈 라, 셰 셰
18) B : 清楚了，谢谢。

칭 투오 투오 빠오 쫑
19) C : 请多多保重。

셰 셰
20) B : 谢谢。

13. C : 감기군요.

14. B : 주사를 맞거나 약을 먹어야 할까요?

15. C : 안심하십시요. 약 먹고 하루 이틀 호텔

에서 쉬시면 곧 좋아질 겁니다.

16. B : 고맙습니다.

---

17. C : 이 가루약을 하루 3번, 식후 30분마다

한 봉지씩 드세요. 아시겠지요.

18. B : 알았습니다. 고맙습니다.

19. C : 몸조리 잘 하세요.

20. B : 고맙습니다.

日・曜日・月

<table>
<tr><td>月曜日　싱찌이
星期一</td><td>火曜日　싱아르
星期二</td><td>水曜日　싱산
星期三</td></tr>
<tr><td>木曜日　싱스
星期四</td><td>金曜日　싱우
星期五</td><td>土曜日　싱리우
星期六</td></tr>
<tr><td>日曜日　싱찌리
星期日</td><td>朝　차오 첸
早晨</td><td>正午　쫑 우
中午</td></tr>
<tr><td>밤　완샹
晚上</td><td>그제　첸 티엔
前天</td><td>어제　초 티엔
昨天</td></tr>
<tr><td>오늘　친 티엔
今天</td><td>내일　민 티엔
明天</td><td>모레　호우 티엔
后天</td></tr>
<tr><td>1月　이 유에
一月</td><td>2月　아르 유에
二月</td><td>3月　산 유에
三月</td></tr>
<tr><td>4月　스 유에
四月</td><td>5月　우 유에
五月</td><td>6月　리우 유에
六月</td></tr>
<tr><td>7月　찌 유에
七月</td><td>8月　바 유에
八月</td><td>9月　치우 유에
九月</td></tr>
<tr><td>10月　시 유에
十月</td><td>11月　시이 유에
十一月</td><td>12月　시 아르 유에
十二月</td></tr>
</table>

C. 基本單語

韓國語	中国語
農民	农民 농민
公社의 社員	社员 쇼 유안
勞動者	工人 콩 렌
店員	店员 티엔 유안
運轉手	司机 스찌
公務員	政府机关工作人员 총 후찌 코안 콩 쓰오 렌 유안
技師	工程师 콩총시
醫師	医生 이솽
姓名	姓名 싱 밍
年齡	年龄 니엔 링
本籍	原籍 유안 찌
父	父亲 후 친
母	母亲 무 친
兄弟	弟兄 티 슝

韓國語	中国語	
안내	向导	시안 타오
시각표	时刻表	시 코 퍄오
입장권	门票	멘 퍄오
旅程	旅程	류이 청
예약	定票〔预定〕	팅 퍄오(유이 팅)
취소	取消	추이 샤오
명승고적	名胜古迹	밍 숑 쿠 찌
광장	广场	코앙 창
은행	银行	인 항
극장	剧场	추이 창
여행비	旅费	류이 훼이

韓國語	中国語
映畵館	电影院 티엔 잉 유안
서커스	杂技场 싸 찌 창
手品	魔术 모 슈
革命발레	革命巴蕾舞 코 밍 빠 레우 우
學校	学校 슈에 샤오
病院	医院 이 유안
工場	工厂 콩 창
手工藝品店	工艺美术店 콩 이 메이 슈 티엔
動物園	动物园 통 우 유안
팬더	熊猫 슝 마오
少年宮	少年宫 샤오 니엔 콩

韓國語	中国語	
어른	大人	타 렌
아이	小孩	샤오 하이
아버지	爸爸	파 파
어머니	妈妈	마 마
아저씨	叔叔	슈 슈
아주머니	阿姨	아 이
親戚	亲戚	찐 치
…씨, 同志	同志	통 찌
…씨, 先生	先生	센 숑
…씨, 女史	女士	뉴이 시
친구	朋友	봉 요우
어린 친구	小朋友	샤오 봉 요우
외국 손님	外宾	봐이 빈

韓國語	中国語	
入口	进口	찐꼬우
出口	出口	츄꼬우
출입금지	切勿入内	치에우루나이
危險	危险	웨이셴
男子便所	男厕所	난츠오스오
女子便所	女厕所	뉴이츠오스오
工事中	正在施工	쫑짜이시꿍
페인트 주의	油漆未干	요우치웨이깐
손대지 마시오	勿用手摸	우용쇼우모
禁煙	禁止吸烟	찐찌시이엔
撮影禁止	禁止拍照	찐찌빠이쨔오
開放嚴禁	随手关门	소이쇼우꼬안멘

韓國語	中国語	
아메리카	美国	메이꾸오
알바니아	阿尔巴尼亚	아얼빠니야
영국	英国	잉꾸오
이탈리아	意大利	이따리
인도네시아	印度尼西亚	인또우니시야
스위스	瑞士	루이시
소련	苏联	수리엔
탄자니아	坦桑尼亚	딴상니야
타이	泰国	따이꾸오
필리핀	菲律宾	훼이류이삔
프랑스	法国	화꾸오
유고슬라비아	南斯拉夫	난스라후

韓國語	中国語	
寢台車	卧车	워초
食堂車	餐车	싼초
1等	软席	루안 시
2等	硬席	잉 시
列車待合室	候车室	호우 초 시
自動車	汽车	치 초
버스	公共汽车	콩 콩 치 초
마이크로 버스	面包车	셴 빠오 초
트롤리 버스	无轨电车	우 코이 티엔 초
택시	出租汽车	추 쓰 치 초
트럭	卡车	카 초

韓國語	中国語	
自轉車	自行车	쓰 싱 초
步道	人行道	렌 싱 타오
車道	车道	초 타오
橫斷步道	人行橫道	렌 싱 훙 타오
交叉點	十字路口	시 쓰 루 코우
交通信號	交通信号	짜오 통 신 하오
近道	近路	친 루
돌아서 가는 길	绕道	라오 타오
安全地帶	安全岛	안 추안 타오
항구	港口	캉 코우
부두	码头	마 토우
배	船	추안
船長	船长	추안 짱

韓國語	中国語	
飛行機	飞机	훼이 찌
보잉	波音机	뽀 인 찌
트라이덴트	三叉戟	산 차 찌
機長	机长	찌 짱
事務長	事务长	시 우 짱
스튜어디스	服务员	후 우 유안
퍼스트 클래스	头等机票	도우 통 찌 파오
이코노믹 클래스	经济机票	찡 치 찌 파오
搭乘卷	登机票	통 찌 파오
荷物引換卷	行李票	싱 리 파오
手荷物	随身行李	소이 슌 싱 리

韓國語	中国語
여행용 가방	旅行用皮箱 류이 싱 용 삐 시앙
空港	机场 찌 창
空港待合室	候机室 호우 찌 시
제트기	喷气式飞机 펜 치 시 웨이 찌
헬리콥터	螺旋桨式飞机 루오 슈안 찌앙 시 훼이 찌
안전벨트	安全带 안 츄안 타이
救命胴依	救生衣 찌우 송이
鐵道	铁路 티에 루
地下鐵	地下铁道 티 시아 티에 타오
驛	车站 초 짱
汽車	火车 훠 쪼
特急列車	特别快车 토 삐에 콰이 쪼
普通列車	慢车 만 초

韓國語	中国語	
看護員	女护士	뉴이 후 시
教員	教师	짜오 시
學生	学生	슈에 숑
경찰	警察	칭차
驛長	站长	짠 짱
販賣員	售货员	쇼우 후오 유안
新聞記者	新闻记者	신 웬 찌쪼
藝術家	艺术家	이 슈 찌아
畵家	画家	호아 짜아
俳優	演员	이엔 유안
歌手	歌唱家	코 창 찌아
피아니스트	钢琴家	캉 친 찌아
旅行社	旅行社	류이 싱 쇼

韓國語	中国語
檢疫證明書	检疫证件 찌엔 이 쫑 찌엔
種痘	种痘 쫑 두
旅券	护照 후 짜오
査證 (Visa)	签证 치엔 쫑
出入國카드	出入境登记卡 추 루 찡 통 찌 카
稅關	海关 하이 코안
手荷物申告書	行李申报单 싱 리 셴 빠오 탄
所持金申告書	外币申报单 봐이 피 셴 빠오 탄
署名	签字 치엔 쓰
여행자 수표	旅行支票 류이 싱 찌 퍄오
人民元	人民币 렌 민 삐
外貨	外币 봐이 삐

韓國語	中国語
1人용	单人房间 탄 렌 황 찌엔
2人용	双人房间 슈앙 렌 황 찌엔
목욕탕 달린 방	带洗澡间的房间 타이 시 싸오 찌엔 타 황 찌엔
特室	套间〔特別房间〕 타오 찌엔(토 삐에 황 찌엔)
샤워	淋浴 린 유이
목욕용 타올	洗澡用毛巾 시 싸오 용 마오 찐
비누	肥皂 훼이 싸오
칫솔	牙刷 야 슈아
로비	大厅 타 팅
복도	走廊 쏘우 랑
엘리베이터	电梯 티엔 티
非常口	太平门 타이 삥 멘

韓國語	中国語	
서비스 스테이션	服务台	후우타이
賣店	小卖部	샤오마이뿌
이발관	理发馆	리화콴
크리닝	洗衣服	시이후
방번호	房间号码	황첸하오마
열쇠	钥匙	야오시
계산서	饭店帐单	환톈찬탄
화장실	盥洗室	꼬앙시시
환전소	兑换处	토이환츄
交換所	总机	쯴찌
内線	分机〔内线〕	훼찌(네이션)
暖房	暖房	누안환
冷房	冷房	론환

韓國語	中国語
食堂	餐厅〔食堂〕 찬 틴(시탄)
메뉴	菜单 차이탄
定食	定食〔客饭〕 팅시
一品料理	点菜 티엔차이
테이블	桌子 츄오쯔
의자	椅子 이쯔
젓가락	筷子 꽈이쯔
스푼	调羹 땨오꼰
포크	餐叉〔叉子〕 짠챠(챠쯔)
나이프	餐刀〔刀子〕 짠따오(따오쓰)
냅킨	餐巾 짠친
재털이	烟灰碟 옌호이티에

韓國語	中国語
콩소메	清汤 친딴
포타쥬	浓汤 논딴
빵	面包 미엔빠오
토스트	烤面包 까오미엔빠오
롤	面包卷 미엔빠오츄안
샌드위치	三明治〔夹心面包片〕 산밍찌(찌아신미엔 빠오히엔)
잼	果子酱 꾸오쯔
마마레드	桔子果酱 쭈이쯔꾸오챵
치즈	干酪 깐라오
버터	黄油 호앙요우
삶은 계란	煮鸡蛋 쭈찌딴
반숙	煎鸡蛋 찌엔찌딴

韓國語	中国語
계란프라이	炒鸡蛋　챠오찌딴
오믈렛	煎蛋卷〔菜肉蛋卷〕　치엔딴쭈안
베이컨	咸肉　시엔로우
햄	火腿　후오또이
샐러드	凉拌生菜〔沙拉子〕 리앙빤숑차이(샤라쯔)
비프스틱	牛排　니우빠이
로스트치킨	烤鸡　까오찌
푸딩	布丁　뿌칭
요구르트	酸牛奶　스안니우
아이스크림	冰淇淋　삥찌린
비스켓	饼干　삥깐
케이크	蛋糕　딴까오
디저트	点心〔甜食〕　띠엔신(띠엔시)

韓國語	中国語
설탕	糖　땅
소금	盐　이엔
화학조미료	味精　웨이찡
후추	胡椒　후챠오
고추	辣椒　라챠오
겨자	芥末　찌에모
고추냉이	山葵菜　샨유이챠이
소스	辣酱油　라찌앙요우
간장	酱油　찌앙요우
토마토케첩	番茄酱　환치에찌앙
식초	醋　츄
사카린	糖精　땅찡

韓國語	中国語	
頭痛	头痛	또우퉁
齒痛	牙痛	야퉁
오한	寒气	한치
熱	发烧	화샤오
식은땀	盗汗	따오한
구토	吐	또우
설사	泻肚	시에또우
便秘	便秘	삐엔삐
현기증	头晕〔眼花〕	또우윤(이엔호아)
기침	咳嗽	꼬소우
재채기	喷嚏	뻰띠
딸꾹질	打嗝儿	따꼬루

韓國語	中国語	
不眠症	失眠症	시미엔쫑
盲腸炎	盲肠炎	망챵이엔
扁桃腺炎	扁桃腺炎	삐엔따오셴이엔
두드러기	荨麻疹	첸마 쩐
神經痛	神经痛	셴찐통
糖尿病	糖尿病	땅냐오삥
급성의	急性的	찌싱따
만성의	慢性的	만싱따
處方	处方笺	츄황찌엔
藥	药	야오
진통	止痛药	찌통야오
睡眠劑	安眠药	안미엔야오
胃腸藥	胃肠药	웨이챵야오

韓國語	中国語	
카메라	照相机	쨔오샹찌
現像	冲洗	칭시
인화	印相	인샹
확대	放大	황따
크다	大的	따따
작다	小的	샤오따
길다	长的	챵따
짧다	短的	뚜안따
싸다	便宜	삐엔이
비싸다	贵	꼬이
알맞은	价钱合适	찌아치엔호시
화려한	华丽	호아리
검소한	朴素	뿌수

韓國語	中国語	
무늬가 있는 천	花样	호아양
無地	没有花样	메이요우호아양
희다	白的	빠이따
검다	黑的	헤이따
붉다	红的	홍따
푸르다	蓝的	란따
보라색	紫的	쯔따
초록색	绿色	뤼소
오렌지색	橙黄色	총황소
미색	米色	미소
회색	灰色	호이소
밝다	淡色〔浅色〕	딴소(치엔소)
어둡다	暗色〔深色〕	안소(션소)

韓國語	中国語
부채	扇子 샹쯔
색종이세공	剪纸 찌엔 찌
陶磁器	陶瓷器 따오츠 치
칠보구이	景泰蓝 찡따이 란
漆器	漆器 치치
상감세공	镶嵌工艺 샹찌엔꽁이
竹細工	竹器 쮸치
民藝品	民间工艺品 민찌엔꽁이삔
비취	翡翠 훼이츄이
象牙	象牙 샹야
벼루	砚台 이엔따이
붓	毛笔 마오삐
궐련	香烟 샹이엔

韓國語	中国語
엽연초	雪茄烟 슈에찌아이엔
펜	钢笔 깡삐
팔목시계	手表 쇼우빠오
카프스보던	袖扣 시우꼬우
넥타이핀	领带别针 링따이삐에첸
브로치	别针 삐에 첸
스카프	围巾 웨이 찐
목걸이	项链 샹리엔
반지	戒指 찌에 찌
이어링	耳环 아루 황
넥타이	领带 링따이
셔츠	衬衣 첸이
바지	裤子 꾸쯔

韓國語	中国語	
끓인물	开水	까이슈이
식힌물	冷开水	롱까이슈이
재스민차	花茶	호아챠
홍차	红茶	홍챠
커피	咖啡	까훼이
밀크	牛奶	니우나이
코코아	可可茶	꼬꼬챠
달다	甜	띠엔
짜다	咸	시엔
맵다	辣	라
시다	酸	수안
쓰다	苦	꾸
떫다	涩	소

韓國語	中国語
百貨店	百货公司 이후오꽁스
외국인전용상점	友谊商店 요우이샹뗀
마켓	市场 시챵
書店	书店 슈뗀
骨董品店	古玩铺〔古董店〕 꾸완뿌
寫眞館	照相馆 쨔오샹꽌
비단	丝绸 스치우
純毛	纯毛 춘마오
毛皮	毛皮 마오삐
刺繡	刺绣 츠시우
융단	地毯 띠딴
족자	挂画〔挂轴〕꼬아호아(꼬아 쬬우)

韓國語	中国語	
피넛	花生米	호아숑미
팥	小豆	샤오또우
콩	大豆	따또우
무우	萝卜	루우뽀
호박	南瓜	난꼬아
마늘	蒜	스안
부추	韭菜	찌우챠이
콩나물	豆芽	또우야
생강	姜	찌앙
옥수수	玉米〔包米〕	유이미(빠오미)
피망	靑椒	칭찌아오
시금치	菠菜	뽀챠이
토마토	西红柿	시훙시

韓國語	中国語
맥주	啤酒 비 찌우
위스키	威士忌 웨이 시찌
포도주	葡萄酒 부 타오 찌우
칵테일	鸡尾酒 치 웨이 찌우
샴페인	香宾酒 시앙 빈 찌우
브랜디	白兰地 바이 란 티
紹興酒	绍兴酒 샤오 싱 찌우
茅台酒	茅台酒 마오 타이 찌우
레모네이드	柠檬汽水 닝몽치쉬
오렌지주스	桔子水 쮸이쯔쉬
사이다	汽水 치쉬
빙수	冰水 삥쉬

韓國語	中国語	
사과	苹果	삥꾸오
감귤	桔子	쥐쯔
배	梨	리
복숭아	桃子	따오쯔
포도	葡萄	뿌따오
수박	西瓜	시꼬아
감	柿子	시쯔
레몬	柠檬	닝몽
딸기	草莓	차오메이
바나나	香蕉	시앙챠오
파인애플	菠萝	뽀루오
멜론	甜瓜	띠엔꼬아

韓國語	中国語	
감자	土豆	또우또우
가지	茄子	치에쯔
오이	黃瓜	호앙꼬아
양배추	卷心菜	쮸안신챠이
버섯	蘑菇	모꾸
목이버섯	木茸	무아르
죽순	笋	순
배추	白菜	빠이챠이
양파	洋葱	양총
파	葱	총
당근	胡萝卜	후루오뽀
그린피스	青豆	칭또우

여행자 출입국 안내

▶내국인의 출국

내국인이 외국에 여행을 하려면 대한민국 외무부장관이 발행하는 여권을 발급받아야 한다. 관용여권과 외교관여권을 제외한 일반여권은 여행 목적에 따라 상용, 문화, 동거, 방문, 유학, 관광, 취업, 기술훈련, 거주목적 등으로 구분하여 발급된다.

▶일반여권의 발급신청 절차

일반여권을 발급받을 경우에는 먼저 신원조회신청서를 관할주거지 시청 시민과, 또는 도청 서무과, 서울·인천·경기지역은 외무부(여권 1 과)로 각각 제출하고, 여권발급신청서, 소양교육필증원본, 병무청장이 발행한 국외여행허가서나 국외여행출국신고서 등 제반 여권발급신청서를 준비하여 거주지에 따라 외무부, 시청 및 도청에 접수하면 신원조회가 끝나는 대로 여권을 발급받게 된다.

여권발급신청에 따른 구비서류는 여행목적에 따라 각각 다르며, 외무부(여권 1 과), 시청(시민과), 도청(서무과)에서 상세한 안내를 받으면 된다.

▶비자(입국사증)

여권을 발급받은 다음에는 여행국의 주한공관에 가서 비자를 받아야 한다. 비자에 의한 체류기간은 관광, 체류, 통과 등 종류에 따라 각각 다르므로 사전에 해당 공관에 확인하여야 한다.

대한민국과 비자면제협정이 체결된 나라(프랑스 제외)로 여행할 때에는 비자 없이 출입국할 수 있다. 재외 동포 또는 이민자로서 영주권을 분실하였을 때에는 해당 대사관에서 재발급 또는 확인 절차를 받아야만 출국할 수 있다.

▶비자면제

우리나라 정부와 다음의 국가들

이 맺은 비자면제협정에 의하여 아래 내용에 따라 상호 입국 체류할 수 있다. 초과하여 체류할 경우에는 비자를 소지하여야 한다.

주별	국가명	적용범위 및 기간
유럽	프 랑 스	일반·외교·관용:30일
	스 웨 덴	일반·외교·관용:60일
	덴 마 크	일반·외교·관용:60일
	노르웨이	일반·외교·관용:60일
	영 국	일반·외교·관용:60일
	아이슬랜드	일반·외교·관용:60일
	벨 기 에	일반·외교·관용:60일
	룩셈부르크	일반·외교·관용:60일
	네덜란드	일반·외교·관용:60일
	스 페 인	일반·외교·관용:60일
	터 어 키	일반·외교·관용:90일
	이 태 리	일반·외교·관용:60일
	포르투칼	일반·외교·관용:60일
	독 일	일반:60일. 외교·관용:무제한
	핀 랜 드	일반·외교·관용:60일
	그 리 스	일반:3개월. 외교·관용:무제한
	오 지 리	일반:90일. 외교·관용:재임기간
	스 위 스	일반·외교·관용:3개월
아시아	태 국	일반:90일. 외교·관용:무제한
	싱 가 폴	일반·외교·관용:90일
	방글라데시	일반:3개월
	말레이지아	일반·외교·관용:3개월
	파키스탄	유효한 여권:3개월
중남미	코스타리카	일반·외교·관용:90일
	콜롬비아	일반·외교·관용:90일
	도미니카	일반·외교·관용:90일
	페 루	일반·외교·관용:90일
중남미	바베이도스	일반:90일
	멕 시 코	일반:3개월
	수 리 남	일반·외교·관용:60일
아프리카	레 소 토	일반·외교·관용:60일
	튀니지아	일반·외교·관용:30일
	라이베리아	일반·외교·관용:90일

▶외환수속

여권과 비자를 받은 다음, 여비 지참을 위하여 국내법으로 제한된 일정액의 외화를 은행에서 매입할 수 있다.

외화 매입시에는 여권과 비자 사본을 제시하여야 하며, 매입허용한 도액은 방문·취업·이민으로 출국하는 경우와 상용·관용·문화·연수 등으로 여행하는 경우가 다르므로 은행의 안내를 받아야 하며, 외화를 가장 편리하게 휴대하는 방법은 여행자수표(Traveler's Check)이다.

▶여행보험

해외여행자 중 여행을 떠나기 전에 만일의 사고에 대비하여 여행보험가입을 원하는 여행자를 위하여 김포국제공항 국제선 제1청사 및 제2청사 3층에 여행자보험판매소가 마련되어 있다.

▶항공편 예약

항공편 예약은 사전에 항공사 또는 여행사에 직접 찾아가거나 전화로 예약할 수 있으며, 목적지나 도중 체류지의 호텔 예약을 원할 때에는 항공편 예약과 동시에 하면 된다.

▶항공권 구입

항공권은 여권이 발급되고 비자를 받은 다음, 항공사나 여행사에서 원화로 구입할 수 있다.

항공권의 유효기간은 여행개시일로부터 1년간이며 이 기간 내에 여행을 하면 되고, 만일 여행의 취소로 항공권을 사용하지 않거나 사용하고 남은 항공권은 구입한 항공사에서 환불받을 수 있다.

▶ 탑승수속

여행에 필요한 모든 서류(여권, 비자, 항공권 등)를 소지하고 공항에 나와서 탑승수속을 하여야 한다.

항공사 첵크 인 카운터에서는 항공기 출발 2시간 전부터(단, 대한항공은 당일 아침부터) 탑승수속을 받고 있으나, 항공기 출발 40분 전까지는 출국심사관에게 제출하여야 한다.

▶ 수하물

무료수하물은 개수에 제한없이 2등 승객은 20kg, 1등 승객은 30kg까지 허용된다.

그러나 미주로 출발하거나 미주로부터 도착하는 승객에게는 1, 2등 공히 위탁수하물 2개와 기내에 가지고 탑승할 수 있는 휴대물 1개가 허용되며, 위탁수하물의 개당 중량은 35kg 이내로 1등 승객은 3면(가로, 세로, 높이)을 합한 길이가 158cm 이하, 2등 승객은 2개를 합한 길이가 270cm 이하로 제한된다. 그러나 무료허용량을 초과할 때에는 별도의 초과수하물 요금이 부과된다.

▶ 여행자 휴대품 신고

여행자는 항공기 착륙 전까지 기내에서 승무원으로부터 여행자 휴대품 신고서를 교부받아 그 내용을 기재하여 세관에 제출하여야 한다.

▶ 외화반입 신고

해외동포 및 비거주자는 외환관리법 규정에 의하여 입국시 미화 5천 달러 또는 그 상당액을 초과하는 외국화폐, 여행자수표 및 외국금융기관 발행 자기앞수표 등을 휴대반입할 경우에는 세관검사 공무원에게 신고하여야 한다.

▶ 별송품 신고

입국시 반입하여야 할 물품 또는 이사 물품 중 부득이한 사정으로 다른 항공편이나 선박편을 이용하여 물품을 따로 발송할 때에는 입국한 날로부터 6개월(일본, 대만, 홍콩에서 입국할 경우에는 3개월) 내에 도착하는 경우에 한하여 별송품으로 인정되어 통관상 편의를 받을 수 있다.

이러한 경우에는 세관신고서 1부를 더 작성하여 세관직원의 확인을 받아두면 편리하다.

▶ 선통관 세금 후납부 대상

국내에 거주지를 두고 주민등록이 있는 여행자 중 신분 확인이 가능한 여행객에 대하여는 휴대품을 선통관하고 세금은 후납부할 수 있다.

▶ 손가방 대상자에 대한 통관

입국시 항공기에 기탁화물이 없거나, 소형 손가방 또는 서류가방만을 소지한 내·외국인으로서 간편한 휴대품 소지 여행객에게는 신속한 검사 통관을 하고 있다.
- 검사대 위치 : 세관 입국검사장 중앙부
- 검사대 명칭 : 손가방 휴대여행자(Hand Carry)

▶ **면세 통관**
- 기본면세물품
- 여행 중 사용하던 양복, 와이셔츠, 화장품 등의 신변품.
- 출국시 휴대반출한 물품으로서 세관장의 확인을 받은 물품.
- 담배 20 갑, 향수 2 온스(1 병), 주류 2 병.
- 현재 구입 가격 합계 30 만원 이하까지 면세(단, 면세 통관 허용 수량 이내에 한함).
- 휴대반입물품(면세)
  우리나라에 잠시 입국하면서 휴대반입하거나, 별송한 물품으로서 6 개월 이내에 다시 소지하고 출국할 물품을 말한다. 그러나 출국시 면세품을 가지고 나가지 않거나, 기간을 경과하면 세금을 납부하여야 한다.

▶ **통관 규제물품**
- 국헌을 문란하게 하거나 공안 또는 풍속을 해할 서적, 간행물, 도서, 영화(테이프 포함), 음반, 조각물, 기타 이에 준하는 물품.
- 정부의 기밀을 누설하거나 첩보에 공하는 물품.
- 화폐, 지폐, 은행권, 채권, 기타 유가증권의 위조·모조품 또는 변조품.
- 총포, 도검 및 화약류 단속법에서 규정하는 물품.
- 마약법 및 향정신성 의약품 관리법에서 규정하는 물품.
- 5 매 이상의 외국음반 또는 무선기기(워키 토기 포함) 등 관련부처의 허가를 요하는 물품.
- 동·식물 검역법에 의거한 검역대상 물품.
- 물품의 성질 또는 수량으로 보아 여행자의 여행목적에 적합하지 아니 하거나 상용으로 인정되는 물품.

▶ **휴대 반출 고가품 신고**
  값비싼 물품(카메라, 시계, 귀금속, 보석류 등의 장식품, 밍크제품) 등을 휴대하여 출국하는 사람은 출국검사 세관공무원에게 그 물품을 보이고 '휴대물품 반출확인서'를 받아두어야 한다.
  또, 이러한 물품이 따로 부치는 짐속에 들어 있을 때에는 기탁물품 검사 세관공무원으로부터 확인을 받아야 한다.
  이와 같은 확인을 받지 아니 한 물품은 입국할 때 다시 휴대하게 되면 면세가 되지 아니 한다.

▶ **여행자검역**
- 검역전염병(콜레라, 페스트, 황열 등) 감염지역으로부터 입국하는 여행자는,
- 항공기 내에서 배부하는 '건강설문표'의 내용을 기록하여 입국시 검역관에게 제출하여야 하며, 여행 도중 건강에 이상이 있을 때에는 즉시 항공기 승무원에게 협조를 구하고, 그 내용이 해당 검역소에 보고되도록 협조하여야 한다.
- 위 지역으로부터 출국하는 여행자는,
- 여행하고자 하는 국가에서 요구하는 검역전염병예방접종을 본인의 신청에 따라 실시하고, 이에 대한 국제공인예방접종증명서(Yellow Card)를 발급받아야 한다.
- AIDS 검사 실시
  국립 서울검역소에서는 AIDS 검사를 무료로 실시하고 있으니 승무원이나 해외에서 1 년 이상 장기 체류한 사람 및 선원들은 검사실(국내

선 130 호실)에서 AIDS 검사를 실시하여 주기 바라며, 입국시 검사를 원하는 사람은 검역관에게 문의하기 바람.
(검사실 전화번호/664-7074)

●동·식물검역
—애완동물(개, 고양이)검역
외국에서 휴대하여 입국하거나 화물로 탁송된 모든 애완동물은 공항 또는 항구 주재검역관이 동물을 인수하여 동물검역소 계류장까지 동승하여 운송할 수 있다.
—식물검역
식물류를 휴대하고 입국하는 여객은 입국 즉시 식물검역소에 신고하여 검역을 받아야 하고, 수입이 가능한 식물이라도 병충해에 감염되지 않은 식물이어야 하며, 식물검역법 제 7 조에 의한 수입금지식물을 수입하였을 경우에는 즉시 반송 또는 폐기처분된다.

中國語會話

인쇄일/2007년 1월 10일
발행일/2007년 1월 20일

편 자/편집부
발행자/김종진
발행처/은광사
등 록/제18-71호(1997.1.8)

서울시 중랑구 망우동 503-11호
전화:763-1258, 팩스:765-1258

※잘못된 책은 바꾸어 드립니다.

정가7,000원